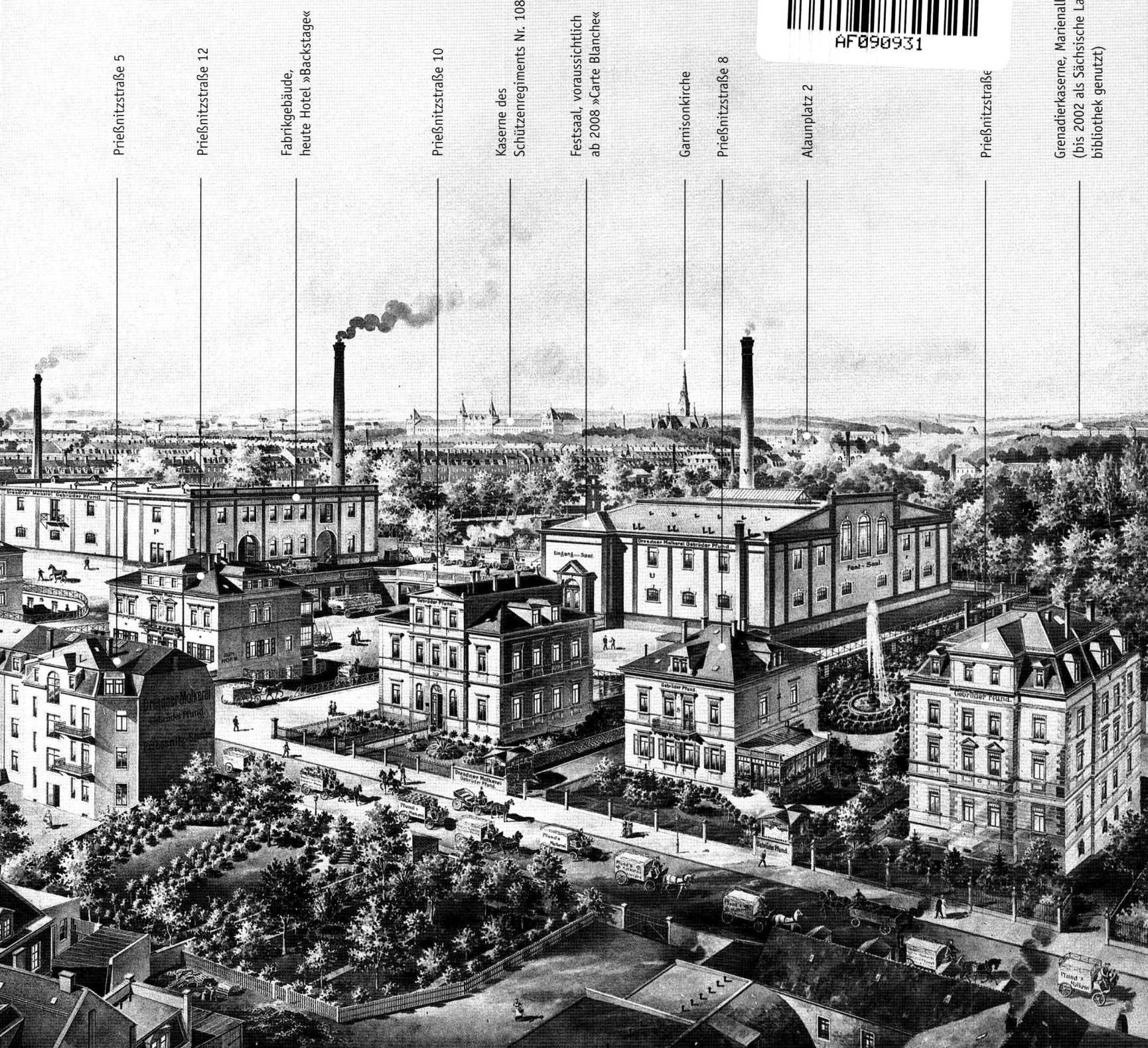

- Prießnitzstraße 5
- Prießnitzstraße 12
- Fabrikgebäude, heute Hotel »Backstage«
- Prießnitzstraße 10
- Kaserne des Schützenregiments Nr. 108
- Festsaal, voraussichtlich ab 2008 »Carte Blanche«
- Garnisonkirche
- Prießnitzstraße 8
- Alaunplatz 2
- Prießnitzstraße
- Grenadierkaserne, Marienallee (bis 2002 als Sächsische Landesbibliothek genutzt)

Das 14 000 Quadratmeter große Betriebsgelände zwischen Bautzner und Prießnitzstraße beherbergte nicht nur den schönsten Milchladen der Welt, sondern auch Blechdosenfabrik, Zentrifugenhalle, Kühlanlagen Milchseifensiederei, Sterilisieranstalt, Hufbeschlagschmiede, Schlosserei, Tischlerei und Klempnerei bis hin zur Buchdruckerei und -binderei. Mit Pferde- und Eselskarren sowie per Handwagen wurden die Produkte ausgefahren und in mehr als 50 Filialen der Stadt verkauft. Die Hamburger Spedition exportierte Kondensmilch nach London und in die deutschen Kolonien bis nach Übersee.

Die Äußere Neustadt

Aus der Geschichte
eines Dresdner Stadtteils

von Una Giesecke

Sandstein Verlag

Inhalt

5 »Im geringsten nicht zu gebrauchen«
Der Vorort auf dem Sande

11 »Der Commun einverleibt«
Eingemeindung nach Dresden

14 Wilde Jahre
Die Gründerzeit

27 Rote Flagge und Schwarzer Freitag
Die Goldenen Zwanziger

29 Massenaufmarsch und Fließbandtrauung
Die Nazi-Zeit

33 Ende und Neuanfang
Das Jahr 1945

38 Vom Arbeiterstaat abgeschrieben?
Die 50er, 60er und 70er Jahre

45 Nuancen im Grau
Die Achtziger

51 Bürger machen mobil
Die Wende

57 Die Szene inszeniert sich
Fröhlicher Aufbruch in den Neunzigern

64 Die Bunte Republik Neustadt

68 Jung und spontan, bunt und vital, laut und eng

Plan von Dresden 1913. Ausschnitt

Straßennamen
heute – einst

Alaunplatz –
Exerzierplatz, Alaunplatz, Platz der Thälmannpioniere
Alaunstraße –
Neue Straße, Alaungasse
Albertbrücke –
Albertbrücke, Brücke der Einheit
Albertplatz –
Bautzner Platz, Am Schwarzen Tor, Albertplatz, Platz der Roten Armee, Platz der Einheit
Antonstraße –
Hauptallee
Bautzner Straße –
Schillerstraße
Bischofsweg –
An der Dresdner Haide
Böhmische Straße –
Böhmische Gasse
Carusufer –
Fürstenweg, Stolpener Straße, An der Elbe, Wasserstraße, Admiral-von-Scheer-Ufer, Reichpietschufer
Eberswalder Straße –
Langebrücker Straße
Erna-Berger-Straße –
Queralle, Bästleinstraße
Forststraße –
Kuhschwanzweg, Sandgasse
Georgenstraße –
Georgenstraße, Otto-Wagner-Straße
Glacisstraße –
Dem Festungsgraben gegenüber, Am Glacis, Togliattistraße
Görlitzer Straße –
Weiße Gasse, Waldgasse
Holzhofgasse –
Alte Bautzner Straße
Hoyerswerdaer Straße –
Kurfürstenstraße
Kamenzer Straße –
Schwarze Gasse
Königsbrücker Straße –
Weg gein Langenbrucken, Langebruger Straße, Königsbrücker Straße, Otto-Buchwitz-Straße
Lessingstraße –
Carlstraße
Louisenstraße –
Badegasse, Schulgasse
Löwenstraße –
Löwengäßchen
Martin-Luther-Straße –
Martinstraße
Prießnitzstraße –
Am Prießnitzbach, Am Goldbach, Prießnitzgasse
Pulsnitzer Straße –
Heideweg, Judengasse
Rosa-Luxemburg-Platz –
Kurfürstenplatz, Köbisplatz
Rothenburger Straße –
Markgrafenstraße
Schlesische Straße –
Maschinenhausstraße, Dr.-Friedrich-Wolf-Straße
Stauffenbergallee –
Große Militärstraße, Heerstraße, Carola-Allee, Dr.-Kurt-Fischer-Allee
Schwepnitzer Straße –
Grenadierstraße
Sebnitzer Straße –
Marktgasse
Stetzscher Straße –
Leichenweg, Hellerstraße
Theresienstraße –
Theresienstraße, Conertstraße
Turnerweg –
Neuer Weg
Weintraubenstraße –
Seilergäßchen, Weintraubengäßchen
Wolfsgasse –
Kronengasse

»Im geringsten nicht zu gebrauchen«

Der Vorort auf dem Sande

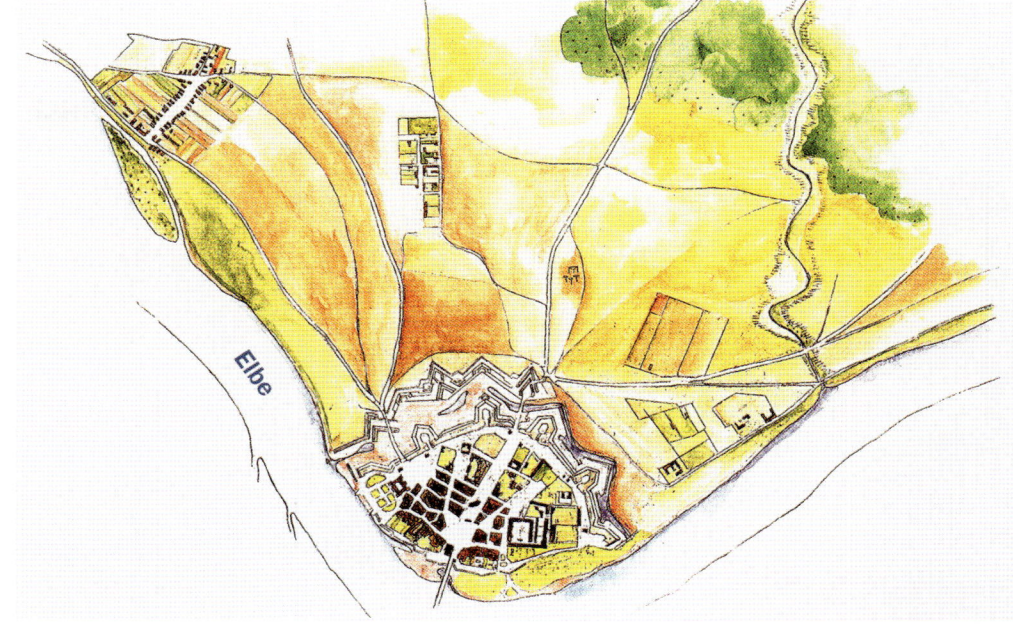

In den 1720ern zeigte sich der Sand noch weitgehend unbebaut. Der Bischofsweg und die Straßen nach Langebrück und Stolpen sowie die Prießnitz umrandeten das Gebiet. Die Lage der späteren Alaunstraße deutete sich bereits an, auf dem Plan sind der Holzhof und der neue Galgen mit Rädern ebenfalls eingezeichnet. Bis zu seiner Verlegung im Jahre 1732 an den Diebssteig beim Schwarzen Kreuz in der Dresdner Heide hingen in der Gegend östlich der heutigen Königsbrücker Straße, etwa zwischen Louisen- und Katharinenstraße, die hingerichteten Übeltäter tagelang zur Abschreckung am Strick, bis man sie verscharrte.

»Ein steinerner und in seiner Art sehr kostbarer und anständiger Galgen« stand ab 1563 vor dem Schwarzen Tor. Er löste das alte Hochgericht von 1457 ab. Die Zeichnung zeigt die Hinrichtung des Räubers Lips Tullian am 8. März 1715.

Nichts als Wald stand hier vor 800 Jahren. Davon zeugten einst Straßennamen wie Waldgasse für die heutige Görlitzer oder Haideweg für die Pulsnitzer und noch heute die Förstereistraße. Von der Wolfsgasse geht die Sage, dass zwei Studenten dereinst von den wilden Tieren im Dickicht zerrissen worden seien. Im 12. Jahrhundert begannen deutsche Siedler, den dichten Baumbestand zu roden und die Heide zurückzudrängen. Sie legten Äcker und Gärten an.

Im folgenden Jahrhundert entstand eine hochwassersichere Verbindung nach Stolpen und somit der Bischofsweg, außerdem der Fuhrweg nach Radeberg über den Fürstenweg (heute Georgenstraße, Carusufer) und die Verbindung zur sorbischen Hauptstadt Bautzen/Budyssin sowie die Langebrücker (jetzt Königsbrücker) Straße.

Während des 30-jährigen Krieges musste der Heidewald dem Ausbau der rechtselbischen Bastionen weichen. In der Folge trocknete der ohnehin sandige Untergrund völlig aus; Stürme fegten den körnigen Boden weit auf umliegende Felder, Gärten und Weinberge, wehten Sandbänke in die Elbe. Zweifellos trug die unwirtliche Nachkriegsbrache den seit dem Mittelalter gebräuchlichen Namen »Der Sand« mit Recht. Waren die unbefestigten Straßen und Hohlwege schon bei Trockenheit schwer befahrbar, so hinterließen Regenfälle oder Hochwasser tiefe Schlammlöcher. Fuhrwerke blieben zuweilen im Dreck stecken, Pferde »crepierten«.

Auf dieser Ödnis vor der Festung war jedoch eines: Platz. Zu den ersten Siedlern gehörten Flüchtlinge. Johann Georg I. nahm die böhmi-

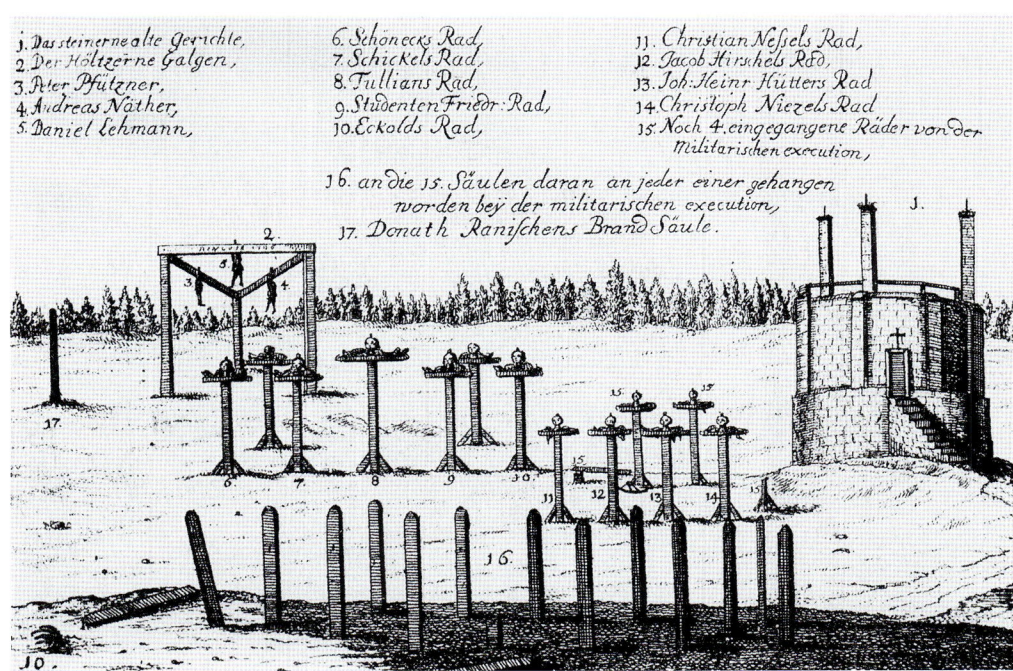

Zwischen Pulsnitzer und Prießnitzstraße befindet sich der älteste erhaltene jüdische Friedhof Sachsens. Minister Brühl hatte der israelitischen Gemeinde im Jahre 1751 gegen Zahlung von 1000 Talern zur königlichen Konzession verholfen, ihre Toten, wenn auch außerhalb der christlichen Residenz, so doch auf deutschem Boden zu bestatten. Nun konnte der jüdische Totenritus endlich eingehalten werden, der eine Beerdigung binnen 24 Stunden vorschreibt. 1265 Gräber nahm der Dresdner Gottesacker bis 1869 auf.

1777 nahm die erste Armenschule im Gartenhause des Grundstücks an der Louisenstraße von Oberkonsistorialrat Dr. Rädler ihre Arbeit auf. Am 21. Juli 1789 wurde der Neubau der Arbeitsschule, in der außerdem zwölf Waisen untergebracht waren, eingeweiht. Das zweigeschossige Frontgebäude mit dem Mansarddach, Nummer 59, steht bis heute. 1823 erweitert, nahm sie auch die Friedrichstädter Waisen bis 1849 auf. Die Schule bestand aus zwei Klassen. In jeder lernten 1794 rund 100 Kinder. Nach dem Unterricht von acht bis elf Uhr in Religion, Lesen, Schreiben und Rechnen leisteten die Kinder, deren Eltern kein Schulgeld zahlen konnten, dieses von 13 bis 18 Uhr in einer der drei Arbeitsklassen ab: der Flachs-, der Schafwollspinnerei oder der Strick- und Nähklasse. Aus den Erlösen der gefertigten Erzeugnisse unterhielt sich die Einrichtung, die 1843 bereits fünf Klassen zählte. Die aus der Rädlerschen Schule hervorgegangene IV. Armenschule zog später in die Louisenstraße 37.

schen Protestanten huldvoll auf und ließ ihnen 5000 Acker Sand zur Bebauung anweisen.

1687, zwei Jahre nach der verheerenden Feuersbrunst in Altendresden, lagerte man den kurfürstlichen Holzhof wegen der latenten Brandgefahr aus: Noch heute erinnert die Holzhofgasse an das erste ordentliche Grundstück auf dem Sande. In der Umgebung wurden Schiffer, Flößer und Handwerker ansässig.

Die Urbarmachung gestaltete sich jedoch schwierig. Resigniert gab der König am 26. September 1701 das wüste Gebiet zur Bebauung frei und befahl, »das vor Dresden und bis dato unfruchtbar gelegene Feld, insgemein auf dem Sand genannt, weil solches ohnedem im geringsten nicht zu gebrauchen, erb- und eigentümlich denen zu übergeben, die vor der Festung bauen wollten.«

Platz für Andersgläubige, Flüchtlinge und Gestrandete

Aus strategischen Gründen waren außerhalb der Stadt lange Zeit nur Holzhäuser zugelassen, die bei drohender Belagerung abgebrannt werden konnten. Dennoch bauten immer mehr frisch gebackene Grundstücksbesitzer Häuser aus Stein. So füllte sich das Gelände vor dem

Schwarzen Tor im Laufe der Zeit mit Anwesen, darunter auch von Glaubens- und Wirtschaftsflüchtlingen aus Böhmen, denen eine Gasse ihren Namen verdankt. Da innerhalb der Stadtmauern nichtchristliche Begräbnisse verboten waren, wurde zudem ein Friedhof für Andersgläubige angelegt.

1737 erhielt als einer der ersten der böhmische Gärtner und Exulant Bartholomäus Pablick an der heutigen Königsbrücker Straße 62 die Konzession für einen Ausschank. Allein und abgelegen diente seine »Sandschänke« aber nur »allerhand liederlichen Leuten zu Aufenthalt und Einkehr«.

Die Baufreudigkeit vor den Toren Dresdens steigerte sich, als der König 1744 dem Druck nachgab, die mit den Festungswerken zusammenhängenden Restriktionen zu lockern. 1749 kam der »Goldene Löwe« an der heutigen Ecke Bautzner Straße/Holzhofgasse hinzu. »Kammerdieners« nannte der Volksmund nach dem Besitzer Simon Wilhelm Haller den nächsten der Gasthöfe, die nun entlang der Alleen entstanden und Durchreisende und Ausflügler zur Einkehr einluden.

Ein Plan des Landbaumeisters Julius Heinrich Schwarze von 1745 sah bereits in etwa die heutige Görlitzer, Kamenzer, Sebnitzer, Alaun-, Böhmische, Martin-Luther- und Weintraubenstraße vor. Auch die Pulsnitzer Straße ist zu erkennen, die frühere Judengasse.

Flüchtlinge, Andersgläubige, Gestrandete: Was den Hauptstädtern nicht ins Bild passte oder gefährlich erschien, landete vor den Toren. So entstanden ab 1750 im Gebiet auch vier Pulverhäuser, deren Abriss 1764 weitere Ansiedlungen erleichterte. Nach 1760 strandeten Obdachlose des Siebenjährigen Krieges (1756–63) in dem relativ unzerstörten Vorort. Zählte dieser »Neue Anbau« auf dem Sande 1758 noch 49 Besitzer, so errichteten nach dem Krieg nun vermehrt Beamte und Bedienstete ihre Häuser vor allem entlang der Kreuzung Alaun-/Badegasse, wie die zum Linckeschen Bade führende Louisenstraße anfangs hieß. Auch von böhmischen Ankömmlingen ist in den Akten wieder die Rede und von allerlei illegalen Wohnbauten, die im Nachhinein zumeist genehmigt wurden. Lediglich auf die Freihaltung der Wildbahn an den Prießnitzufern pochte die Obrigkeit.

Um die sumpfige Senke an der Kreuzung Louisenstraße sammelten sich nach dem Siebenjährigen Krieg die ersten Gebäude der Alaunstraße. Auf der Zeichnung von C. Beyer um 1830 ist das unscheinbare Häuschen des »Kuchenlochs«, heute Alaunstraße 47, zu erkennen. Es erhielt seinen Namen von den duftenden frischen Produkten der hier ansässigen Bäckerei.

An der Bade-/Ecke Schwarze Gasse befand sich der Gasthof »Zum letzten Willen«, der mit seinem Namen an den Weg zum Hinrichtungsplatz erinnerte. Besitzer Johann Edmund Moritz Liebethal erweiterte 1851 das Grundstück mit Küchenanbau, Ställen und Wagenschuppen. Nachdem er die verwitwete Gastwirtin Henriette Wilhelmine geheiratet hatte, benannte der ehemalige Korporal Johann Karl Gottlieb Philip 1865 die Gaststätte um in »Stadt Rendsburg«. Denn dort soll er einst stationiert und verliebt gewesen sein.

Krapp und Alaun

Zu den entstandenen Anwesen, Wirtschaften und Gärten gesellten sich nun Unternehmungen geschäftstüchtiger Männer. So verlegte Oberberghauptmann und Geheimer Rat Freiherr Peter Nicolaus von Gartenberg 1765 seine Alaunhütte aus der Altstadt an den Westausgang der danach benannten Alaungasse. In zwei primitiven Häusern gewann man aus Schiefergestein des Plauenschen Grundes Alaunsalz und siedete es in Kesseln zu Kristallen. Es diente als Färbehilfsmittel und Medizin.

Um 1769 war die Nachkriegsnot noch immer groß; ein Glückssucher mit dem passenden Namen Traugott Starke betrieb eine Goldwäsche an der Prießnitz. Mangels Ausbeute gab er allerdings nach einem Jahr auf, dennoch hielt sich hartnäckig das Gerücht von einer Kette und einem Becher aus Prießnitzgold in landesfürstlichem Besitz. 1776 legte Georg Wogatz am Bischofsweg, etwa zwischen Kamenzer und Prießnitzstraße, eine Krapp-Plantage an, um den roten Färbestoff zu gewinnen.

Laut Adressbuch von 1797 waren 60 Prozent des schwach besiedelten Neuen Anbaus Weinbauern oder Gärtner, die sich der Baum-, Obst- und Blumenzüchtung widmeten.

1825 erwarb der französische Emigrant Professor Frédéric de Villèrs den östlichen Geländeteil an der Prießnitzmündung. In seinem Auftrag entwarf der 19-jährige Woldemar Herrmann 1827 die repräsentative Kuppelvilla, auch Wasserpalais genannt. Sie enthielt einen Musiksaal mit Deckenausmalungen zu den vier Jahreszeiten, der seinerzeit als einer der schönsten Innenräume Dresdens galt.

120 Jahre überdauerte dieser Pavillon mit der Inschrift »Hier wohnte Carl Maria von Weber im Sommer 1825« im Coselschen Garten an der Holzhofgasse. Der Komponist verfasste hier die Ouvertüre und die Wolfsschluchtszene für den »Freischütz«. Das Weberhäuschen, vermutlich ebenfalls von Woldemar Herrmann geplant, fiel dem Angriff 1945 und der Nachkriegszeit zum Opfer.

Auf dem »wüsten Feld« östlich der Prießnitz zwischen Bautzner Straße und Elbe legte Freiherr von Dießbach 1734 einen Garten mit Lusthäuschen an. 1766 erwarb Akziserat Carl Christian Lincke das Grundstück, auf dem sich mittlerweile Bierschank, Mineral-Kurbad, Gewächshaus und Orangerie befanden. Mit der Eröffnung eines Sommertheaters an der heutigen Bautzner Straße 76 zehn Jahre später ging der gesellschaftliche Treffpunkt in die Theatergeschichte ein, denn in dem 500 Menschen fassenden hölzernen Komödienhaus verhalf bald Direktor Joseph Seconda deutschen Opern zum Durchbruch. So leitete er 1815 die Uraufführung von Beethovens Fidelio in der ersten Fassung. E. T. A. Hoffmann erwähnt das «Linckische Paradies« im »Goldenen Topf«. Als Tanz-, Konzert- und Vergnügungsstätte überlebte die beliebte Saal-Restauration bis 1945, als Gaststätte noch bis 2002.

Gartenvorstadt als Erholung von der Residenz

Dem Anbau vor dem Schwarzen Tor lag das barocke Prinzip zu Grunde, nach dem Vororte »Auftakt und Überleitung zur Residenz« zu sein hatten. Deren Bürger wiederum strebten hinaus aus der Enge der Stadt, um die davorliegende Landschaft zu entdecken. »Fast jede Woche wird einmal hinüber nach Neustadt gegangen, zum Schwarzen Tor hinaus, zum Weißen wieder hinein«, belegt ein Familientagebuch für diese Zeit.

Erquickung fanden die Dresdner auf dem von Oberst Johann Christoph Naumann angelegten Grundstück »Altbodens«, dem späteren »Reußischen Garten« beziehungsweise »Ballhaus« an der Bautzner Straße, oder im Garten des Archivsekretärs Johann Friedrich Gerven, dessen Grundstück an der Holzhofgasse im Volksmund »Altcosels« hieß.

Weitere Ausflugsziele etablierten sich. Die Straßennamen gebende »Blaue Weintraube« stand 1767 bis 1873 an der Bautzner Straße und geht möglicherweise auf zwei ehemalige Weingärten nahe der heutigen Lessingstraße zurück. Zu den Belustigungen im Vorort zählten neben den Vorstellungen des fahrenden Volkes auch Innungsumzüge oder Wettrennen.

Integration statt Mauern

Nach der »Demolation« der Stadtmauern zu Beginn des 19. Jahrhunderts begannen Bauwillige, »recht artige« Häuschen zu errichten. Das Bevölkern des Neuen Anbaus schritt voran, die Erweiterung der Residenz kündigte sich an.

1815 legte Gottlob Friedrich Thormeyer eine Planung für das entfestigte Gelände und das ehemalige Glacis, den niedergelegten Wall, vor. Sie enthielt frei stehende Häuser in umfriedeten Gärten. Die Anlage des Albertplatzes und eine offene Bebauung anfangs der Bautzner und Königsbrücker Straße schufen nun die Verbindung zwischen der mittlerweile geschlossenen Vorstadt und der Kommune. Lediglich das Areal südlich der Bautzner Straße/Holzhofgasse blieb bis zur Gründerzeit von Straßeneinteilungen frei.

1823 hatte Gottfried Christoph Jordan mit seinem Kompagnon, dem 29-jährigen August Friedrich Christian Timaeus, eine Zichorienfabrik gegründet. Nach eigener Aussage war dies die erste Schokoladenfabrik Deutschlands, die neben Kaffee-Ersatz bald »Chocolade, Zuckerwaaren und Künstler-Lebkuchen«, Christbaum-Konfekt, Kakaobutterfiguren und Pfefferminzkügelchen herstellte.

16 Jahre später waren die geschäftstüchtigen Inhaber auf Dampfkraft umgestiegen und boten Dampfschokolade zu einem Taler pro Pfund an. Um 1850 beschäftigte das Unternehmen rund 200 Arbeitskräfte.

Zu dieser Zeit wurde nirgends sonst in Deutschland so viel Schokolade hergestellt wie in der sächsischen Hauptstadt. Firmennachfolger Ernst Albert Jordan übernahm 1860 »das umfangreichste industrielle Etablissement Dresdens und zugleich das größte seiner Art in Deutschland«. Er eröffnete eine Filiale in Bodenbach und avancierte zum k. u. k. österreichisch-ungarischen und königlich sächsischen Hoflieferanten. Bis ins 20. Jahrhundert hinein gingen die »Jordtina-Erzeugnisse« in alle Welt. An das Betriebsgelände mit Werkswohnungen zwischen Jordan- und Timaeusstraße erinnern seit dem Abriss nur noch die im Innenhof befindliche einstige Villa der Gründer, das Kutscherhäuschen daneben und zwei Erinnerungstafeln.

Apotheker Ernst Friedrich Dorn eröffnete 1831 die Apotheke »Zur goldenen Krone« im Haus Budißner Straße 22b, heute Sitz des Diakonischen Werkes Bautzner/Ecke Glacisstraße.
Die Geschäfte gingen gut, denn bereits 1842 zog die Apothekerfamilie in ihr eigenes Haus auf dem neu erworbenen Grundstück an der Bautzner Straße. 1871 begründete Dr. Georg Crusius, Sohn des Nachfolgers, hier ein Fabrik- und Engrosunternehmen mit Mineralwässern und galenischen Präparaten. 1894 erwarb Carl Stephan den Betrieb und erweiterte das Gebäude bis 1907 um einen seitlichen Turm, zwei Obergeschosse, einen seitlichen Anbau, Offizin und Veranda. Seine pharmazeutischen Produkte sowie die zu Lehrzwecken dienenden Drogensammlungen und Tabellen waren über Deutschland hinaus begehrt. Aus dem 1919 an die Kyffhäuser Straße 27 verlagerten Unternehmen ging die heutige Apogepha Arzneimittel GmbH hervor, deren Vorgänger, die Carl Stephan AG, sich von 1921 bis 1931 im Besitz der hiesigen Leo-Werke befand.

1824 fand eine Auktion zur Versteigerung von Grundstücken auf dem ehemaligen Festungsgelände zwischen Schwarzem Tor und Elbe statt. Wohlhabende Bürger ließen daraufhin westlich der Prießnitzmündung vorbildhafte Gebäude errichten. So entstanden auf dem ehemaligen Coselschen Gelände 1826 die Schwanen- und 1827 die Kuppelvilla des blutjungen Architekten Woldemar Hermann. Erst zwölf Jahre später entwarf Gottfried Semper, der studierte, auslandserfahrene Schöpfer der Oper, eine ganz ähnliche auf dem Nachbargrundstück: die viel beachtete Villa Rosa.

Auf dem 348 Hektar großen Areal lebten um 1810 knapp 3000 Menschen. Die Hälfte der Bevölkerung ernährte sich von einem Handwerk: Schmiede, Korbmacher, Schuster, Schneider, Tischler und einen Instrumentenbauer verzeichnen die Akten. Ein Fünftel waren Gastwirte, des Weiteren wohnten einige Gelehrte, Beamte und Ingenieure im Vorort.

Für Hygiene und Gesundheit der gewachsenen Bevölkerung erwarb Dr. Ruschpler das Gelände an der heutigen Bischofswerder Straße 1 und legte ein Bad an der Prießnitz an, deren Wasser man Heilkraft zuschrieb.

Zur Versorgung des Vororts mit zuverlässigen Medikamenten erhielt Apotheker Dorn im selben Jahr die königliche Konzession und eröffnete die heutige Kronenapotheke.

Solche zu den ältesten Zeugen des Neuen Anbaus zählenden Wohnbauten sind heute noch vereinzelt in den Straßenfluchten anzutreffen.

Alaunstraße 85 (erbaut 1821)
Die schlichten klassizistischen Zweigeschosser aus den Jahren vor der Eingemeindung weisen meist nur wenige Schmuckelemente und Dachaufbauten in Gaubenform auf.

Bautzner Straße 60
Hier handelt es sich höchstwahrscheinlich um den Gasthof »Drei Kronen« von 1755. Das vermutlich älteste noch erhaltene Reihenhaus der Äußeren Neustadt erhielt seine klassizistische Gestalt durch Umbau der barocken Grundstruktur.

Bautzner Straße 21 (erbaut 1830)

In einigen Treppenhäusern, wie hier in der Louisenstraße 67, erinnern noch heute Deckenmalereien an die dörfliche Idylle, die bis zum Bauboom der Gründerzeit Straßenbild und Höfe beherrschte.

»Der Commun einverleibt«
Eingemeindung nach Dresden

König Anton von Sachsen (1755–1836), genannt der Gütige, hatte erst mit 71 Jahren die Regierungsgeschäfte übernommen. Unter seiner kurzen Herrschaft erhielt Sachsen eine fortschrittliche Verfassung und beschloss die allgemeine Schulpflicht.

Da sich im Vorort zwei Gemarkungen überschnitten, trugen einige Grundstückseigentümer doppelte Steuerlast. Erst mit der Eingemeindung sollten die geplagten Steuerzahler aufatmen dürfen. Der Deputation, die um Anschluss bat, gehörte auch der aufstrebende Jungunternehmer Jordan an, Begründer einer der ersten Schokoladenfabriken Deutschlands. Der Verschmelzungsprozess mit der »demolierten« Festungsstadt gipfelte in einem Festakt im Juni 1835; als offizieller Aktenschluss hingegen gilt der 21. Mai 1836.

Die knapp 6000 Neu-Dresdner versprachen sich viel: neben gesteigertem Ansehen auch praktische Verbesserungen wie die Pflasterung und Beleuchtung der Straßen. Denn trotz der

Zum Empfang des greisen Königs und seiner Familie wird eine Ehrenpforte an der Prießnitzmündung aufgebaut. Der Hausbesitzer und Geheime Finanzsekretär Speck findet herzliche Begrüßungsworte. Feuerwerk und festliche Illumination beleuchten den Abend der Bürgertaufe, den 13. Juni 1835. Tausende ziehen durch die Straßen mit den Worten: »Juchhe, heut ist ein Freudentag, drum Brüder jauchzt und sauft.« Selbst der Straßenkot, der die Eingeborenen bislang nicht vom Barfußlaufen abgeschreckt hatte, sei nun zumindest königsstädtischer Natur. »Heut ziehn wir Schuh und Strümpfe an wie jeder andre Bürgersmann – auch unsern Weibern schwillt der Kamm, denn jede wird Madame.« Feierlich versprechen die Antonstädter im Gegenzug ihrem Patriarchen, nie wieder ins Holz zu gehen. Der Jubel der ehemaligen Dörfler könnte auch dem Wegfall von Frondiensten gegolten haben.

Stadtrat und Zimmerermeister Paul Siemen bohrte mit Hilfe von sechs Freiberger Bergleuten vier Jahre lang unermüdlich nach einer vermuteten unterirdischen Ader in einem uralten Elbnebenarm – und stieß 1836 in 243,5 Metern Tiefe tatsächlich auf Wasser. Damit hatte er ein in den Gesteinsschichten angesammeltes Sickerwasser-Reservoir angebohrt. An der Antonstraße 4 stand Anfang des 20. Jahrhunderts ein Hotel »Zum Artesischen Brunnen«. In der Brunnenanlage am Albertplatz tummelten sich Goldfische und im konstant 20 Grad Celsius warmen Wasser wuchsen auch im Winter Wasserpflanzen.

An der Holzhofgasse 20 ließ der jüdische Bankier Martin Wilhelm Oppenheim 1839 die »Villa Rosa« nach Plänen Gottfried Sempers errichten. Erst dieser Wurf des berühmten Architekten galt ungeachtet der gleichrangigen benachbarten Vorgänger aus der Feder seines unbekannten Kollegen Woldemar Herrmann als oft zitiertes Vorbild klassischer deutscher Villenbauten.

1864 wurde das Haus Markgrafenstraße 16 erbaut. Im Erdgeschoss richtete sich der Besitzer 1885 ein für Dresden einmaliges maurisches Zimmer ein. Es wurde zu DDR-Zeiten unter Denkmalschutz gestellt. Die holzgetäfelten und mit Stofftapeten bespannten Wände, Marmorsäulen, aufwendigen Decken und der Kapitellschmuck mit farbigen Ornamentierungen sind bis heute sehenswert.

Am 18. Juli 1863 erfolgte die Weihe der aus der Schwerterloge von der Ostra-Allee hervorgegangenen Bauhütte zu einer eigenen Antonstädter Freimaurerloge. Sie erhielt den Namen »Zu den ehernen Säulen im Orient«. Fünf Jahre später betraten die Brüder ihr neues Domizil auf dem von Lederfabrikant Thiele erworbenen und »sans souci« genannten Gelände an der Bautzner Straße 19. 1936 kaufte Fritz Thiele das Haus gemäß Grundbucheintrag zurück, um es nach dem endgültigen Verbot sämtlicher Logen in Deutschland im August 1935 vor der Enteignung durch die Nazis zu retten, und richtete darin Verwaltungsräume seiner Lederfabrik ein.

heiteren und ruhigen Lage war man auf den finsteren Wegen des Nachts bislang vor Unbill nicht gefeit. Noch 1820 war der Direktor der Kunstakademie Gerhard von Kügelgen an der Bautzner Straße ausgeraubt und ermordet worden.

So verwundert der Jubel nicht, mit dem der Vorort endlich »der Commun einverleibt« wurde. Dem damals regierenden König Anton von Sachsen verdankte der neue Stadtteil seinen Namen. Gelegen zwischen Elbe und Bischofsweg, erstreckte sich die Antonstadt zeitweise vom Bahndamm der Sächsisch-Schlesischen Eisenbahn im Westen bis zum Alten Waldschlösschen im Osten.

Schulterschluss ums Karree

Mit dem Anschluss bevölkerte sich der neue Stadtteil zusehends, so dass es bald an Wohnraum mangelte. Das Straßenbild veränderte sich: Während die klassizistischen Zweigeschosser mit ihren Vorgärten allmählich verschwanden, wuchsen drei- bis fünfstöckige Gebäude im Schulterschluss entlang der Blockränder empor. 32 Straßen-Neubenennungen waren zwischen 1839 und 1880 zu verzeichnen. Da 1848 das Verbot von Dachwohnungen mit Feuerungsanlagen wieder aufgehoben wurde, gehörten seither die typischen Gauben zum Erscheinungsbild. Repräsentativere Fassaden signalisierten den neuen Architekturstil und

1844 riefen mehrere adlige Damen um Ulrike von Leipziger den Verein für die evangelisch-lutherische Diakonissenanstalt ins Leben. Zur Krankenpflege kamen ein Kindergarten nach Fröbelschem Vorbild sowie eine Mägde-Herberge mit Ausbildung und Stellenvermittlung für Dienstmädchen, Paramentenwerkstatt und Hostienbäckerei hinzu. Im Laufe der Jahrzehnte erwarb der Verein weitere Grundstücke in der Umgebung und in Radebeul.

In der Nazizeit unterlag die der Wehrmacht unterstellte Anstalt Arbeitseinschränkungen und Zwangsenteignungen. Es gelang einigen Schwestern, einen Teil der in den Zweigstellen betreuten behinderten Pfleglinge vor der späteren Euthanasie zu bewahren. Flüchtlinge und ausgebombte Schwestern aus anderen Städten wurden aufgenommen. Der Angriff am 13. Februar 1945 zerstörte drei Viertel der Gebäude zwischen Bautzner Straße und Holzhofgasse.

Während die erneute Kirchweihe 1962 erfolgte, zog sich der Beginn des Wiederaufbaus des Krankenhauses bis 1965 hin. Im September überreichte Propst William von Coventry das Nagelkreuz. Nach der Wiedervereinigung bildeten Ausgliederungen und die überwundene Insolvenzgefahr ebenso einschneidende Erfahrungen wie die Flut 2002. Heute zählt das Krankenhaus zu den anerkannt modernsten Gesundheitseinrichtungen Dresdens.

Die Schwanenvilla an der Holzhofgasse 8–10
1928 erwarb die Diakonissenanstalt das Haus für ein Feierabendheim. 1945 schwer beschädigt, wurde die Ruine erst Mitte der Achtziger wieder aufgebaut und als Altenzentrum Schwanenhaus 1991 eröffnet.

eine veränderte Zusammensetzung der Anwohnerschaft. So lebten nach der bürgerlichen Revolution doppelt so viele Beamte und Angestellte wie 1827 in der Antonstadt, während der Anteil der Handwerker und Gewerbetreibenden um fast 30 Prozent zurückgegangen war.

Als herausragender Neubau nach 1835 ist die Villa Rosa zu nennen, die Gottfried Semper für das Gelände hinter der Holzhofmauer an der Löwenstraße entwarf. Geschichte schrieb ebenso der Diakonissenverein. Das älteste Frauenprojekt Dresdens eröffnete im Jahr 1844 an der Böhmischen Gasse ein erstes kleines Krankenhaus auf dieser Elbseite, um die stetig zunehmende Einwohnerschaft medizinisch zu versorgen. 1860 zählte die Antonstadt bereits 16 000 Einwohner.

Die Einführung der allgemeinen Schulpflicht in Sachsen brachte einen erhöhten Bedarf an Klassenräumen mit sich. 1843 wechselte die Schule der böhmischen Gemeinde an die Glacisstraße 30. Dort war ein Jahr zuvor die 4. Bürgerschule in ihr neues Gebäude eingezogen. 1858 entstand an der Görlitzer Straße 10 eine Schule nach Plänen von Karl Ludwig Lisske. 1864 erbaute man auf dem Nachbargrundstück eine Aushilfsschule, die heutige 15. Grundschule.

In den 1860ern läuteten Gewerbefreiheit und intensivere Baulandausnutzung die Gründerjahre ein. Mit Eingemeindung des 1551 um die heutige Moritzburger Straße angelegten Neudorfs dehnte sich der Stadtteil nun bis zum Pieschener Elbhafen aus.

Wilde Jahre
Die Gründerzeit

Der Sieg über Frankreich, die Reichseinigung sowie Reparationen lösten einen Wirtschaftsaufschwung, aber auch Spekulationen und Pleiten aus. Der Bauboom erfasste auch die sich verdichtende Antonstadt, die ihren früheren vorstädtischen Charakter nun vollends ablegte. Aus den Gründerjahren datiert der überwiegende Teil der heutigen Bausubstanz, die dem Stadtteil sein typisches Gesicht gab.

Die Planungsunterlagen hatten einen zentralen Markt zwischen Sebnitzer, Alaun- und Martin-Luther-Straße vorgesehen, doch der Stadtteil wuchs eher planlos. Die von der Böhmischen Straße rechts und links abgehende Sackgasse, bald Markgrafenstraße und heute Rothenburger Straße genannt, brach man zwischen 1869 und 1871 beidseitig durch. Ein Brand der Kinderbesserungsanstalt an der Lou-

Die Verlegung des Königlich-Sächsischen Schützenregimentes Prinz Georg Nr. 108 von Leipzig nach Dresden 1870 machte den Bau einer neuen Kaserne notwendig. Die Wahl fiel auf das Gelände oberhalb des Exerzierplatzes. Schon ab 1830 hatte das Heer hier ein Rechteck für Infanterieübungen abgeholzt und ab 1841 zum Exerzieren genutzt. 1871 bezog das Regiment am Alaunplatz die erste moderne Kaserne Dresdens. Der Stich zeigt noch die Baracken der am Bau der Garnisonsstadt beteiligten französischen Kriegsgefangenen.

Nachdem die Baracken von 1870/71 abgerissen waren, fanden ab 1873 regelmäßig Paraden auf dem Alaunplatz statt; auch Königsgeburtstage wurden mit großem Pomp gefeiert. Die prächtigen Aufmärsche boten den Kindern willkommene Abwechslung.

Sachsens Gloria
Seit Reichsgründung hatte König Albert mit Straßen-, Platz-, Theater- und Brückenbenennung in der Antonstadt seinen Kriegsruhm verewigt. 1898 feierte Dresden den 70. Geburtstag des Monarchen sowie sein 25-jähriges Regierungsjubiläum mit einer Königsparade auf dem Alaunplatz. Brausende Hochrufe und Kanonendonner begrüßten auch den deutschen und den österreichischen Kaiser. Zeitzeugen berichteten: »Schon lange vor Beginn waren die zu teuren Preisen vermieteten Balkons und Fenster der Häuser am Bi- schofsweg, sowie die Tribünen zu Seiten der Görlitzer, vor der Förstereistraße und am Wege nach dem Prießnitzbade dicht besetzt mit Schaulustigen. Die den Paradeplatz einsäumenden Häuser trugen reichen Flaggen- und Rankenschmuck, die Schützenkaserne war ebenfalls mit Fahnen in den sächsischen Farben sowie dem Rautenbanner geschmückt.« Zum Andenken an jene offenbar beeindruckende monarchistische Pracht- und Glanzdemonstration erhielt die Gastwirtschaft am Bischofsweg 34 zur Jahrhundertwende den Namen »Zur Königsparade«.

Vor dem Bau der Martin-Luther-Kirche war der Platz nur eine locker mit Einzelgebäuden und Gärten bestandene Anlage. Der von Baurat Ernst Giese und Baumeister Paul Weidner verwirklichte Sakralbau wurde am 10. November 1887 geweiht.
In den Jahren danach schloss sich wie aus einem Guss der Martin-Luther-Platz mit seinen individuell verzierten Klinkerfassaden um die gleichnamige Kirche. Das Ensemble steht unter Denkmalschutz. Der 81 Meter hohe Turm ist von mehreren Straßen und aus der Ferne als Orientierungspunkt erkennbar. Der steinerne Namenspatron von Platz, Kirche und Straße thront über dem Eingang zum Pfarrhaus, der Nummer 5.

Blick auf die 1945 zerstörte elbseitige Tieckstraße zwischen Weintrauben- und Kurfürstenstraße. Die in die Häuserfront integrierte 4. Bürgerschule besuchte unter anderem auch der »kleine Junge« Erich Kästner.

isenstraße hatte den Weg in die Görlitzer Straße freigemacht – der markante Versatz entstand. In die Gegenrichtung floss nach Abriss der Badeanstalt an der Bautzner Straße der Verkehr in die neu angelegte Kurfürstenstraße und ab 1877 über die Albertbrücke. Damit war die entscheidende Anbindung an die Altstadt über die Johannstadt endlich erreicht.

Neben der Kurfürstenstraße kaufte die erste große Dresdner Bauunternehmung aus dem Jahr 1871, die Dresdner Baugesellschaft, das Geviert zwischen Bautzner und Glacisstraße, Elbufer und Lessingstraße und ließ dieses von städtebaulichen Planungen bislang unberührte Gebiet in kürzester Zeit parzellieren. Hier war verkehrstechnisch günstig gelegenes Bauland zu mäßigen Preisen zu bekommen und eine Steigerung der Bodenwerte zu erwarten. Innerhalb von zwei Jahren lösten die Fronten der Tieck- und Melanchthonstraße die bisherigen Wäschetrockenplätze ab.

Fahrradglocke und Hornsignal
Seit 1881 war die Antonstadt mit der Pferdebahn zwischen Postplatz und Arsenal ans Zentrum angebunden. Königsbrücker und Bautzner sowie die Rothenburger Straße mit der Schleife über Louisenstraße – Kamenzer Straße – Bischofsweg – Görlitzer Straße waren erschlossen. Bald darauf erfolgte die Verlängerung dieser Strecke vom Georg- zum Alaunplatz über den Bischofsweg in Richtung Hechtviertel. Vom Albertplatz fuhr die Straßenbahn zum Paulifriedhof und zum Wilden Mann.

Droschken standen als »Taxameter« den Besserverdienenden zur Verfügung. Ansonsten war man erstaunlich gut per pedes unterwegs. Und das »Veloziped« avancierte zum Massenverkehrsmittel. Wer außerhalb wohnte, kam damit hierher zur Arbeit. Ständig klingelte irgendwo ein radelnder privater Postdepeschenträger, Geschäftspostkurier oder die Elektrische. Die Feuerwehr verschaffte sich mit

Martinshorn und Messingglockengebimmel Respekt. Die ersten Automobile gaben heulende Hupsignale von sich. Gendarmen und Wohlfahrtsbeamte waren zu Fuß oder beritten unterwegs, um für Ordnung zu sorgen. Nebeneinander Rad zu fahren oder Zigarettenkippen auf die Straße zu werfen, konnte schnell eine Mark Strafe kosten.

Typisch für den Beginn der Gründerzeit
sind die beiden Häuser Bautzner Straße 25 und 27 von 1877.

Schwepnitzer Straße 5

Böhmische Straße 37

Ballhaus Neustadt, Bautzner Straße 35
Seit den 1720ern strömten Ausflügler zu dem von Oberst Johann Christoph Naumann angelegten Grundstück »Altbodens«, dem späteren »Reußischen Garten«. 1874 wurde daraus das »Ballhaus Neustadt«, mit einem Hauptsaal und zwei Nebensälen. Es stand bis zum 13. Februar 1945.

Bischofsweg 46

Der Blick von der Bautzner in die Markgrafenstraße, heute Rothenburger, trifft am Ende auf den markanten Knick zur Görlitzer Straße. Die dortige Nummer 2 beherbergte eine der zahlreichen Filialen von Pfunds Molkerei, seit den 1950ern ist Musik-Meinel wohl jedem Neustädter bekannt.

Schönfelder Straße 15

Martin-Luther-Straße 29

An der Bautzner Straße stadtauswärts befanden sich an der Ecke zur Martin-Luther-Straße Dienholds Hotel garni des Architekten Ernst Becher, im Zwickel der schräg rechts abzweigenden Holzhofgasse seit 1749 der Gasthof »Goldener Löwe« und davor der bis heute erhaltene Pferdetränkebrunnen von Paul Polte aus Granit, gestiftet 1921 vom Alten Tierschutzverein.

Louisenstraße 58

Auf dem Gelände nördlich der Paulstraße, wo das Forsthaus des Neudorfer Reviers von 1802 bis 1871 an der Ecke Königsbrücker Straße gestanden hatte, errichtete von 1907 bis 1914 der Dresdner Spar- und Bauverein eine vorbildliche Wohnhausanlage mit Freiflächen. Die sogenannten Dr.-Becker-Häuser befinden sich an der Paulstraße hinter der zugehörigen Königsbrücker Straße 78.

Müßiggang schickte sich nicht – die Fotografie vom Hofleben an der Kamenzer Straße 17 zeigt Frauen und Mädchen bei der Handarbeit, bis auf das Trotzköpfchen in der Mitte.

Sonntags warf man sich in Schale – für die Aufnahme im selben Hof posieren die Frauen in Rock oder Kleid überm Korsett, die Haare hochgesteckt. Lässig daneben der Hahn im Korb: Mann trägt jetzt Kniebundhosen, weißes Hemd mit Fliege und parfümiertes Öl im Haar.

Wohnraum für alle

Ganz andere als spekulative Intentionen verfolgten verschiedene Vereine. So errichtete der Johannes-Verein mit Hilfe einer wohltätigen Stiftung die zurückgesetzten Reihenhäuser an der Sebnitzer Straße 27–31. In dem Ensemble mit kleineren und preiswerteren Wohnungen, großem gemeinsamen Waschhaus und Innenhof sollten proletarische Schichten preis- und lebenswerten Wohnraum finden. Ab 1907 errichtete der Dresdner Spar- und Bauverein auf dem ehemaligen Förstereigrundstück an der Paulstraße Häuser in Gruppenbauweise.

Größtenteils galt der Bauboom in den sehr guten Wohnlagen der zahlungskräftigen bürgerlichen Mittelschicht. Vor allem an der südlichen Königsbrücker Straße und am Martin-Luther-Platz entsprach der Komfort gehobeneren Ansprüchen.

Zwischen 1887 und 1904 schossen jährlich rund 30 Objekte aus dem Boden; damit war die rege städtebauliche Entwicklung abgeschlossen und kam noch vor Kriegsbeginn zum Erliegen. Sie hatte den Stadtteil gründlich verändert, allmählich legten sich Lärm und Staub über dem »Neubauviertel«.

Zahlreiche nuancierte Details an Fenstern und Türen formten das charakteristische Äußere der Straßenfluchten. Zur Orientierung überragten die Eckgebäude die übrigen Häuserfronten zumeist um ein Stockwerk. Die kleinteilige Architektur verleiht dem Quartier bis heute sein Flair. Vereinzelt finden sich noch originale Klinken, Tritte zum Stiefelabputzen, Durchbohrungen für Klingelgriffe, die vor dem Einzug der Elektrik den mechanischen Glockenzug bedienten, oder Eckschoner an Durchfahrten. Auch die repräsentativen Treppenhäuser mit Ausmalungen, Stuckornamenten, künstlichen Marmorierungen, Edelhölzer vortäuschenden Bierlasuren, Bleiglasfenstern, Mantelhaltern und verschnörkelten Gaslichteinfassungen kamen dem Zeitgeschmack und der gewünschten Klientel entgegen.

Schlafen im Schichttakt

Im Jahr 1897 beherbergte die Antonstadt rund 35 000 Menschen. Drei Jahre später nahm sie mit etwa 40 000 Einwohnern den ersten Platz in der Dresdner Statistik ein, noch vor Johannstadt und Striesen. In dem dicht bevölkerten Viertel lebten fast doppelt so viele Menschen wie in der Altstadt oder in der Friedrichstadt. 1910 erreichte die Einwohnerzahl 56 674.

Aufgrund dieser enormen Zunahme griff das sogenannte Schlafstellenwesen um sich. Eingezogene Böden und Alkoven, auch Grundrissänderungen schufen Übernachtungsgelegenheiten für Dienstmädchen, Gehilfen oder für Schichtarbeiter. »Schlafburschen« besserten die Haushaltskassen auf und gefährdeten wohl mitunter die Nachtruhe so mancher Tochter.

Nur sechs Prozent der Ansässigen waren Lehrer, Offiziere und Künstler. Die billigeren Wohneinheiten – die Mieten waren bei Erstbezug oft zwecks »Trockenwohnen« ermäßigt – befanden sich in den Dachgeschossen, Seiten- und Hintergebäuden. Hier lebten Arbeiter und Angestellte. Die vornehmere Bélétage und den zweiten Stock des Vorderhauses bewohnten hingegen Beamte, Ingenieure und Privatiers und deren Familien, oft auch die Hausbesitzer selbst.

Dank der strengen Bauordnung in Sachsen kam es dennoch nicht zu dem aus Preußen bekannten Mietskasernen-Milieu. Das enge Neben- und Miteinander von proletarischen, aber auch kleinbürgerlichen und bourgeoisen Schichten, von Wohnen und Arbeiten, Einkaufen und Freizeitvergnügen prägte auf lange Zeit das Lebensgefühl in diesem Wohnviertel.

Lehrküche im Hof der 22. Bezirksschule an der Louisenstraße 42.

Das Gebäude des »Staatskasten« genannten Königlichen Gymnasiums an der Holzhofgasse, 1874 nach Plänen des Architekten Adolph Canzler gebaut, fiel den Bomben 1945 zum Opfer.

Schulbesuch nach Geldbeutel

Nach 1870 entstand die Mehrheit der Schulen im Gebiet. Für die höhere Bildung des Nachwuchses für Heer, Verwaltung und Kontore schien es den schulgeldpotenten Eltern allerdings nicht erstrebenswert, ihre Sprösslinge mit dem gemeinen Volk eine Bank drücken zu lassen. So folgte 1874 die V. Bürgerschule in der Markgrafenstraße. Der »Verein zum Frauenschutz« auf der Georgenstraße 3 löste seine seit 1846 existierende Töchterschule 1900 auf und überführte diese in die städtische höhere Studienanstalt für Mädchen in der Wasserstraße (heute Carusufer) 7 (1945 zerstört). Die Neustädter Höhere Mädchenschule in der Weintraubenstraße – ein Erlweinbau von 1915 – ist als Gymnasium »Romain Rolland« erhalten. Der schräg gegenüber liegende Erlweinbau von 1916 an der Melanchthonstraße 9 beheimatete die 1888 gegründete Knabenberufsschule.

Weniger Schulgeld verlangten die bald darauf aus dem Boden schießenden Bezirksschulen. Die 4. zog in die Seitenflügel der Glacisstraße 30 ein. Die 13. ging 1877 aus der 4. Gemeindeschule an der Louisenstraße 37 hervor. Sie zog später an die Rothenburger Straße.

1915 eröffnete an der Weintraubenstraße 3–9 die nach Plänen Hans Erlweins errichtete Studienanstalt für Mädchen. 1927 umbenannt in Städtisches Mädchengymnasium, legte man sie drei Jahre später mit der benachbarten Neustädter Höheren Mädchenschule (NHM) zusammen, deren Bau an der Ecke zur Wasserstraße 1945 zerstört wurde. Das Gymnasium erhielt in den Sechzigern den Namen »Romain Rolland«. Über dem linken Eingang ist der Kopf von Anna Nolden dargestellt. Sie war Direktorin der Höheren Töchterschule im Gelände des Vereins zum Frauenschutz an der Georgenstraße 3.

Hinzu kam 1889 die 2. Katholische Volksschule in der Jordanstraße, nach 1949 als 7. Grundschule geführt. Die Adresse der 22. Bezirksschule lautete seit 1894 Louisenstraße 42.

Die 4. Bürgerschule an der Tieckstraße wurde in den 20er Jahren zur 49. Volksschule umnummeriert.

Seit 1890 befand sich in einem umgebauten Wohnhaus und einer ehemaligen Schulbaracke an der Louisenstraße 14 und 16 die Antonstädter Feuerwache. Ein notwendiger Neubau begann 1913. Die Planung stammte aus der Feder des Stadtbaurats Hans Jakob Erlwein. Der Abschluss verzögerte sich allerdings wegen des Krieges bis Ende April 1916. In jenem Jahr stellte man die Ausrüstung von Pferdezügen auf Benzinfahrzeuge der Rüsselsheimer Firma Adam Opel um, Krankenbeförderung und Sanitätswache kamen hinzu. Zu der modernen und großzügigen Ausstattung von Gebäuden und Gelände gehörten zahlreiche Werkstätten, Bücherei und Turnhalle, ein Kinematographen-Apparat und sogar Dachgärten. Heute befindet sich hier die Hauptfeuerwache Dresdens.

Feinste Marken-Cigaretten und Cigarren
verkaufte Richard Möbius in der Alaunstraße 95.
Foto von 1914

Schüssel, Zuber, Wanne und Fluss

Die meisten Wohnungen waren mit Außentoilette, Stubenofen und Küchenherd, Kaltwasseranschluss und Gas ausgerüstet. Der täglichen Körperpflege diente die Waschschüssel mit Krug, Lappen und Seife. Besaß man einen Holzzuber oder gar eine Zinkwanne, so stieg freitags oder samstags die gesamte Familie durch das warme Bad in der Küche.

Andernfalls nutzte man öffentliche Reinigungsbäder. Neben dem 1874 eröffneten Margarethenbad an der Bautzner Straße 75 gab es das Louisenbad in der Prießnitzstraße 18 und ab 1888 das Volksbad in der Kamenzer Straße 5. 1895 bot das Germaniabad an der Louisenstraße 48, das als Nordbad seit 1997 als einziges wieder in Betrieb ist, Gelegenheit zum Schwimmen.

So richtig Platz zum Planschen und Kraulen bot freilich die Elbe. Die idyllische Lage der Antonstadt in Stromnähe hatte allerdings auch ihre Schattenseiten. Immer wieder wurde das Ufer so plötzlich überflutet, dass man die Vorräte aus den bedrohten Kellern und Schuppen nicht mehr rechtzeitig in Sicherheit bringen konnte. Bis zur Nordstraße staute die Prießnitz in manchen Hochwasserjahren zurück. Zu den Folgen gehörte oft übler Gestank.

Bürgerfleiß und Bürgerstolz

Die Gewerbefreiheit von 1861 hatte auch in der Antonstadt verstärkt Ansiedlungen nach sich gezogen. Doch erst im Gefolge der hierher ziehenden Militärs, Pensionäre und Wohlhabenden erlangte das Handwerk eine neue Blüte. Denn 1871 hatte sich die Albertstadt als nördliche Nachbarin angeschlossen. Die im Garnisonsviertel stationierten Soldaten zog es in die quirlige Antonstadt: Auf Spaziergängen, Bällen und Kneipenbesuchen knüpften sie Kontakte zu den – möglichst weiblichen – Zivilisten.

1895 eröffnete Georg Hofmann im Hinterhof der Louisenstraße 48 das »Germaniabad«. Das privat betriebene Schwimmbassin öffnete in der Woche 21 Stunden für Damen und 69 Stunden für Herren, wobei der Sonntagvormittag ausschließlich Letzteren vorbehalten war. Wer kochte denn sonst das Mittagessen? Noch drastischer waren die Öffnungszeiten der 22 Wannen- und Dampf-Kastenbäder geregelt: wöchentlich 10 Stunden für Frauen und 74 für Männer. Das Grundstück ging 1922 in kommunalen Besitz über und wurde »Volksbad«, nach 1945 »Nordbad« genannt.

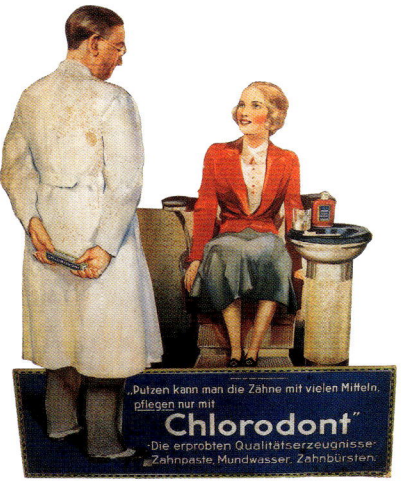

Dank Chlorodont – keine Angst vor dem Zahnarzt.

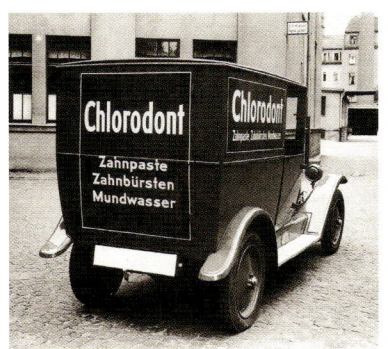

Die Leo-Werke gehen auf eine Idee des Apothekers Dr. Heinsius von Mayenburg zurück.
Sie bestand darin, erstmals auf streng wissenschaftlicher Grundlage eine breiige Masse herzustellen, welche die bis dahin gebräuchlichen Putz- und Schleifmittel zum Zähneputzen wie zermahlene Tierknochen, Asche oder Schlemmkreide ablösen konnte. Nachdem 1907 das Laboratorium Leo über der Löwenapotheke in der Altstadt eröffnet hatte, expandierte das aufstrebende Unternehmen 1917 mit dem Umzug in das Gelände an der Königsbrücker Straße 16 auf 60 Angestellte. Wo bisher vornehme Villen inmitten blühender Obstgärten standen, fanden nun auch Produktionshallen Platz. Die Firma beschäftigte 1924 bereits 400 Leute. Ein Jahr später erfolgte die Umwandlung in eine Familienaktiengesellschaft, 1930 in eine GmbH. Inzwischen war die Belegschaft der Leo-Werke auf etwa 1000 Mitglieder, zumeist Frauen, angewachsen. Auf dem firmeneigenen Sportplatz trainierte die Damenfußballmannschaft. Auf dem Gelände standen zudem Pausen- und Wascräume, Schuster- und Nähstube sowie eine Sanitätsstelle zur Verfügung. Zu den 21 ausländischen Vertretungen und Standorten zählten Hongkong, Chicago, Wien, Paris und Moskau. Eigentümer von Mayenburg bewohnte ab 1925 eines der Elbschlösser, das heutige Hotel Eckberg.

Die Offiziere bezogen mit ihren Familien standesgemäße Wohnungen, vorzugsweise am Bischofsweg oder Martin-Luther-Platz. Teilweise waren die Pferdeställe in manchen Hinterhöfen noch nach 1990 zu erkennen.

1889 ernährten kleine Handwerksbetriebe etwa ein Fünftel der erfassten Haushalte, ein weiteres Fünftel lebte vom Handel. 1895 registrierte die Antonstadt 264 größere Industrie- und Gewerbebetriebe, das heißt mit über fünf Beschäftigten. Als typisch gelten die Zigarrenfabrik Eugen Uhlemann in der Alaunstraße 18 oder sein Nachbar in der Nummer 16, Kommerzienrat Georg Heyde, dessen Fabrik bis 1945 Bleisoldaten in alle Welt exportierte. Beide Unternehmen beschäftigten auch Frauen und Kinder in Heimarbeit.

Die Mehrzahl der Gewerbeanmeldungen betraf jedoch Kleinstunternehmen, um 1900 betrug ihre Zahl insgesamt 2500. Gemeinsam mit Beamten, Händlern und Kaufleuten machte der Mittelstand mehr als die Hälfte der Bevölkerung aus. Noch hundert Jahre später erinnerten Fassadenwerbungen an Uniformschneider oder winzige Einlegesohlenfabriken.

Sie fanden Raum hinter den geschlossenen Häuserfronten in den recht tiefen Innen- und Hinterhöfen. Zum Teil sind noch heute ehemalige Lager, Schornsteine, Reste von Fabrikanlagen und Werkstattgebäuden erkennbar. In den Hofgebäuden der Neustadt arbeiteten Fuhrunternehmer, Tischler, Fotografen oder Glaser. Die Waren verkaufte man oft direkt in den Vorderhausgeschäften, die dem täglichen Bedarf der Wohnbevölkerung dienten. In den Hauptstraßen versorgten jeweils mehrere Bäcker- und Fleischermeister die sprunghaft gewachsene Anwohnerschaft.

Die größte Schicht bildeten mittlerweile Arbeiter. Bis 1900 war ihr Anteil auf 43 Prozent angestiegen. Zahlreiche Billigkräfte wurden in den mittelständischen Betrieben benötigt. Zu den etablierten Unternehmen wie Thiele oder Jordan & Timaeus gesellten sich neue. Das bekannteste ist Pfunds Molkerei an der Bautzner Straße. Nach der Jahrhundertwende siedelte sich mit den Leo-Werken nur noch ein Großbetrieb an.

Einblick ins Photoatelier Hermann Bähr, Antonstraße 2, im Jahre 1899.

1880, als es noch allgemein üblich war, die Milchkannen von den umliegenden Dörfern in die Stadt zu karren, wo der Trank manchmal schon sauer ankam, stellte Paul Leander Pfund in der heutigen Görlitzer Straße sechs Kühe hinter eine große Glasscheibe und ließ die Kunden wählen, von welchem Tier sie die Milch frisch gemolken wünschten. Pfunds Molkerei entwickelte sich zu einem der führenden deutschen Milchunternehmen und führte als erste im Reich das Kondensierungsverfahren und die Dauerpasteurisierung ein. Dafür verlieh man dem Begründer den Titel Königlich Sächsischer Kommerzienrat.

Die bis zum Abriss 1994 an der Böhmischen Straße 10 befindlichen Gebäude einer Treibriemenfabrik gingen auf das Jahr 1838 zurück. Gründer Heinrich Erdmann Thiele erweiterte die Anlage und wandelte sie 1872 in eine Aktiengesellschaft für Leder-, Maschinenriemen und Militäreffecten-Fabrikation um, die seine Erben weiterführten. Nach der Enteignung 1950 arbeitete der volkseigene Betrieb VEB Leder- und Plastverarbeitung bis 1990.

Zur Ethik der stolzen gutbürgerlichen Inhaber gehörte es, vor der Belegschaft ein fast väterliches Image zu pflegen. Ehrbare Fabrikherren investierten in Betriebskrankenkassen, hygienische und Sporteinrichtungen, Kindergärten, Dienstwohnungen, Festsäle, Feiern und gemeinnützige Spenden.

Fünf-Uhr-Tee und Turnverein
Tagsüber rauchten die Schlote, bestimmten Glockenschlag und Stechuhr den Lebensrhythmus. Nach der Arbeit traf man sich in zahlreichen gewerkschaftlichen und politischen Organisationen, Turn- und Gesangsvereinen. Fast jedes größere Unternehmen hatte eigene Freizeitvereine vorzuweisen.

Eine weitere Süßwarenfabrik in der Neustadt etablierte sich 1886 an der Eschenstraße 11/Ecke Dammweg. Kommerzienrat Richard Selbmann hatte sie neun Jahre zuvor gegründet, um Kakao-, Schokoladen- und Zuckerwaren, darunter Kräuter-, Malz- und Hustenbonbons, herstellen zu lassen. Das Telefonbuch erwähnt seinen Namen noch 1967 unter derselben Adresse. An der Königsbrücker Straße 68 befand sich eine Filiale. Im Treppenhaus der Schönbrunnstraße 5 erinnert eine Gedenkplatte zum 50-jährigen Betriebsjubiläum an den Standort des Kontors.

Durstigen Kehlen boten 1880 rund 100 Gaststätten unterschiedlichsten Kolorits Labsal. So hatten die Mitglieder des im selben Jahr gegründeten Arbeiter-Turn- und Sportbundes Dresden-Neustadt den »Görlitzer Garten«, Görlitzer Straße 20, und »Wendlers Gaststätte« an der Ecke Alaun-/Sebnitzer Straße zu Treffpunkten auserkoren. 1886 bildete sich der Ar-

Hugo Kästner, mit Namensvetter Erich nicht verwandt, eröffnete 1899 eine Drogerie an der Görlitzer Straße 30. Der Familienbetrieb bestand, wie viele andere in der Nachbarschaft auch, über mehrere Generationen. In den dreißiger Jahren spezialisierte sich der Verkauf auf Gummischutzartikel, die diskret unterm Ladentisch und ab 1955 auch unauffällig per Versand an den Mann gelangten. Das Geschäft florierte, denn nach 1945 versorgte es als einziges seiner Art die gesamte Republik mit Mondos-Kondomen des Alleinherstellers Plastina Erfurt. 1965 schloss die Drogerie, der Versandhandel aber blühte weiter. Knapp 6000 Dankschreiben belegten den großen und treuen Kundenstamm mit Worten wie »Wir denken jedes Mal an Sie«. Nach der Wende übernahm Hannelore Perner, eine der ehemals sieben Mitarbeiterinnen, den Laden an der Louisenstraße 13 und erweiterte ihn zum Erotikshop.

beiterverein für Dresden-Neustadt, der bis zur Aufhebung des Sozialistengesetzes (1878–90) Mitglieder der verbotenen SPD-Leitung aufnahm. Nicht nur diverse Stammkneipen, auch der Laden des Zigarrenfabrikanten August Kaden (1850–1913) in der Rothenburger Straße 25 dienten während des Sozialistengesetzes als Untergrund-Mittelpunkte der Partei in Dresden. Im Ergebnis der illegalen Organisation turnten, sangen und schwammen die proletarischen Massen in harmlosen Vereinen und tranken nach getaner Ertüchtigung, was das Zeug hielt. Die in Deutschland übliche Stammtischspitzelei ist auch für die Äußere Neustadt nicht auszuschließen.

Seit seiner Gründung 1861 wuchs der Turnverein für Neu- und Antonstadt von 162 Mitgliedern kontinuierlich auf 651 im Jahre 1910 an. »Ein Jahr bevor ich zur Schule kam, wurde ich mit knapp sechs Jahren das jüngste Mitglied«, erinnerte sich Erich Kästner später in seinem Buch »Als ich ein kleiner Junge war«. Das Foto zeigt vermutlich eine Silvesterfeier der Damenturnabteilung. 1945 brannten die Hallen an der Alaunstraße 36–40 aus.

Apels Marionettentheater wurde im Jahr 1878 vom Radeberger Glasmacher Albert Apel gegründet. Er gastierte in den 1890ern häufig im Apollo-Theater auf der Görlitzer Straße 6. Sein dritter Sohn Heinrich gründete 1898 mit einer eigenen Marionettenbühne eine Existenz. Ausgedehnte Tourneen führten den Puppenspieler zwischen 1905 und 1908 durch die Varietés ganz Europas. 1919 eröffnete Heinrich Apel im Hof der Görlitzer Straße 18 das Hansa-Theater als Kino und Marionettenbühne (rechts). Jahrzehntelang bildete die Neustadt den Lebensmittelpunkt der Familie.

In dritter Generation führte Heinrich Apel d. J. das Hansa-Theater 1920 weiter, ebenso die mobile »Holzoper« für 500 Personen. Nach den Kriegsverlusten von 1945 begann er zunächst in der Turnhalle der 13. Volksschule an der Rothenburger Straße. 1946/47 gab er Vorstellungen in der Turnhalle an der Glacisstraße 30.

Anfänge der »Vereinsmeierei« hatten bereits zu Beginn des 19. Jahrhunderts progressive Teile von Adel und Bürgertum gesetzt. Neben dem stadtweit agierenden Frauenverein von 1814, auf den auch die Kita am Bischofsweg 106 zurückgeht, sei an die Diakonissen erinnert. Stolz auf Kriegsgewinn und Deutschlands Einheit drängte der Bürgersinn auch in der Antonstadt nach Ausdruck. Weithin augenfällig am Albertplatz errichtete der Verein zur Verschönerung der Neu- und Antonstadt 1873 das Alberttheater.

Einer der bekanntesten Vereine wurde das »Volkswohl«. Er veranstaltete noch bis ins 20. Jahrhundert hinein die beliebten Heidefahrten für Kinder. Hervorgegangen war die Einrichtung 1888 aus dem »Bezirksverein gegen den Mißbrauch geistiger Getränke«. Im Zuge bürgerlicher Sozialreformen sollten Bildung, Unterhaltung und Geselligkeit der offensichtlich verheerenden Trunksucht entgegenwirken, die im Gefolge elender Verhältnisse um sich griff.

Für die oberen und die Mittelschichten hingegen stellten die Jahre bis 1910 eine Art Goldenes Zeitalter dar. Auch in Elbflorenz spiegelte sich der Glanz der europäischen Belle Epoque. Man strömte zu den Paraden auf den Alaunplatz; die Balkonplätze an Bischofsweg, Alaun- und Förstereistraße spülten Zuverdienste in die Haushaltskassen. Zum Jubiläum des Hauses Wettin 1889 waren Kaiser Wilhelm II. höchstselbst und 20 weitere deutsche und

Die Turnhalle des ausgebombten Staatsgymnasiums an der Carl-, späteren Lessingstraße bot ihm von 1950 bis 1952 ein festes Haus. Dann schalteten die staatlichen Stellen die Konkurrenz der alten Marionettenspielertradition aus. Bis zu seinem Tod 1975 zeigte Heinrich Apel junior DDR-weit nur noch zehn Stücke, darunter russische Märchen und Verkehrserziehungsspiele.

2000 Personen fasste der Saal in »Damm's Etablissement« an der Ecke Königsbrücker Straße/Bischofsweg. Seit seiner Errichtung 1869 wechselten öfter seine Namen: »Deutsche Reichskrone«, »Reichsbanner« und »Zum Reichsadler«. Das Haus sah im Laufe der Jahre große Versammlungen der Sozialdemokratie, darunter am 14. Juli 1913 eine Kampfabstimmung der SPD um die Nachfolge des verstorbenen Reichstagsabgeordneten August Kaden aus der Antonstadt. Ende Juli 1914 fand eine SPD-Demonstration gegen den Krieg statt. Am 25. April 1926 sprach der KPD-Kandidat zur Reichspräsidentenwahl Ernst Thälmann, damals Vorsitzender seiner Partei und des Rotfrontkämpferbundes. Eine daran erinnernde Gedenktafel verschwand mit dem Abriss 1993.

In den 1880ern eröffnete der einzige heute noch bestehende Ballsaal des Viertels, das »Orpheum«, hinter dem Mietshaus Kamenzer Straße 19. Die Nazis schlossen das Haus, das beispielsweise die SPD oft mit großen Versammlungen gefüllt hatte. Von 1936 bis 1996 diente das einstige Tanzlokal den Brüdern Thierbach als Flügel- und Klavierbauwerkstatt.

ausländische Fürsten anwesend. Solche Ereignisse oder Königsgeburtstage boten Anlass zu volksfestartigen Feiern und Umtrünken.

Ungeachtet aller Bemühungen um Abstinenz blühte die Kneipenkultur mit ihren Kegelbahnen und Billardtischen fröhlich weiter. Zurück in der Legalität hielt die Sozialdemokratie an den bewährten Strukturen fest, blieben Läden und Gaststätten-Hinterzimmer die Anlaufpunkte. Die aber platzten aus allen Nähten. Die Arbeiterschaft verlangte nach einem großen Versammlungssaal. Die Wahl fiel auf »Damm's Etablissement«. Als der Besitzer, ein Brauereifabrikant, den Zutritt verweigerte, bestreikte die SPD 1889 stadtweit und mit Erfolg dessen Bier.

Und am Sonntag Ausgang

Auch am Sonntag saßen die Männer lieber am Stammtisch oder in der Gewerkschaft als im Gottesdienst. Noch aber war der letzte Wochentag heilig: Straßenlärm war kaum zu hören, die Kinder wurden zum leisen Spielen ermahnt; geputzt spazierten die Familien durch die Heide oder am Elbufer entlang. Das Apollotheater an der Görlitzer Straße bot Varietévorstellungen und als Tymians Thalia Theater (TTT) ab 1911 mit Herrensängern und Frackhumoristen populäre Unterhaltung zu Kaffee und Kuchen oder Fünf-Uhr-Tee. Konzerte fanden in der Martin-Luther-Kirche statt, deren namhaften Chor der Kantor und Musikdirektor Albert Römhild 1886 ins Leben rief. Die Kirche setzte mit zahlrei-

Gaststätte Prießnitzbad vor 1911

Um 1830 erwarb Dr. med. Ruschpler einen Teil des Heidegeländes auf der westlichen Prießnitzseite, um Sonnen- und Sandbäder anzulegen. 1835 errichtete er hier Zellenbäder: »in die Bachsohle gegrabene, durch Bretter abgedämmte kleine Bassins in reichlich Mannshöhe mit Leinwandblenden umkleidet«. Nachdem Dr. Alfred Struve im selben Jahr kohlensauren Kalk, Kieselerde und Eisen im Bachwasser und damit dessen mineralische Wirkung publiziert hatte, ließ sich Dr. Ruschpler nicht mehr von den öffentlich geäußerten »schweren Bedenken wegen Gefährdung der Sittsamkeit« abhalten, ab 1839 ein Heilbad am Eingang zur Dresdner Heide zu betreiben, das bis 1875 bestand. Nur eine Sandsteinmauer zur Uferbefestigung an dieser Stelle erinnert noch an das 1900 abgetragene Bad. Die Ansichtskarte zeigt das zugehörige Gartenlokal vor der Verlegung und Kanalisierung der Prießnitz 1911. Die Gaststätte überlebte bis in die 1950er Jahre, in denen sie als Tanzlokal unter dem Spitznamen »Bibi« beliebt war. Heute hat auf dem Grundstück zwischen Bischofswerder Straße und An der Prießnitz eine Elim-Gemeinde ihren Sitz.

Tymians Thalia-Theater

Aus dem 1885 im Hinterhof der Görlitzer Straße 4–6 eröffneten Apollo-Volkstheater ging 1905 das »Eden« hervor. 1911 erwarb Volkssänger und Frackhumorist Emil Winter-Tymian das Theater und begründete das populäre Varieté »Tymians Thalia-Theater«, kurz TTT. Salon- und Herrensänger, Akrobaten und Tierstimmenimitatoren traten hier auf. In den Goldenen Zwanzigern avancierte das TTT zur populärsten sächsischen Volksbühne. An Emil Winter-Tymian erinnert heute eine Büste an seinem Wohnhaus um die Ecke, Louisenstraße 55. Nach 1925 hieß das 700 Plätze fassende TTT kurzzeitig Eh-Tor-Bühne. 1945 brannte es aus.

chen Vereinen auf die letzten Säulen des Glaubens: Frauen und Jugendliche. Jungfrauen- und -männervereine, Frauenbünde und -vereine bemühten sich, das weibliche Geschlecht und die Heranwachsenden von den gefährlichen Verlockungen der Großstadt fernzuhalten.

So trafen sich unter anderem in der Mägdeherberge an der Holzhofgasse »fromme Jungfern«, darunter Dienstmädchen, an ihren freien Sonntagnachmittagen. Hier kochten sie auf Petroleumkochern Kaffee, lasen einander vor, sangen, spielten und gingen spazieren. Während die »Cinemathografentheater« für sie wegen der drohenden moralischen Verderbnis tabu waren, sprossen Filmlichtspiele für begeisterte Kinogänger überall aus dem Boden: an der Königsbrücker Straße 37, an der Ecke Böhmische/Alaunstraße, am Bischofsplatz und die »Weiße Wand« in der Görlitzer Straße 18.

Beliebt waren die Tanzvergnügen mit Livemusik. In Ballsälen spielten Militärkapellen auf. Wohltätigkeitsveranstaltungen für verwundete deutsche Krieger standen auf der Tagesordnung. Große Säle boten neben dem Orpheum und der Reichskrone auch die Tonhalle (heute Kleines Haus) und das Ballhaus Bautzner Straße 35. Junge Frauen hatten jedoch nur in zweifelsfrei anständiger Begleitung Zugang. Freundinnen, die keinen Verlobten vorweisen konnten, gingen zu mehreren aus, eine Tante, Gouvernante oder die gnädige Frau Mama im Schlepptau. Woher denn auch die Emporen ihre Bezeichnung als »Drachenfelsen« erhalten haben sollen. Selbstverständlich ging es um Eheanbahnung.

Rote Flagge und Schwarzer Freitag

Die Goldenen Zwanziger

Ganze Schulklassen, so auch aus dem sogenannten Staatskasten, dem Knabengymnasium an der Holzhofgasse, waren 1914 euphorisch für Kaiser und Vaterland in den Krieg gezogen.
Nur wenige Jungen kehrten, sehr verändert, zurück. 1923 enthüllte die Martin-Luther-Gemeinde das Kriegerdenkmal von August Schreitmüller östlich der Kirche. Im Gegensatz zu den seinerzeit üblichen heroischen Monumenten stellt es eine trauernde Mutter und ihren Sohn dar, der das Schwert niederlegt. Die heute fehlende Waffe soll unterschiedlichen Quellen zufolge 1945 beziehungsweise Anfang der Sechziger entfernt worden sein.

Den Ersten Weltkrieg überstand Dresden unbeschadet. Ihren im Felde gefallenen Söhnen stiftete die Martin-Luther-Gemeinde ein Denkmal hinter der Kirche. Auch am Alaunplatz entstand ein Ehrenmal.

Als im November 1918 auf dem Schloss die rote Flagge wehte, wurde der Ausbruch der Revolution unter anderem vom Alberttheater aus verkündet, das den Mief des Kaiserreichs schon seit längerem von der Bühne fegte.

Der »Geenich« ging und die Weimarer Republik kam. Sie brachte zunächst politische und wirtschaftliche Instabilität mit sich. Die Inflation ließ auch die Antonstädter verarmen. Bei »Hebeda« soll es sonntags, wenn die Lohntüte vom Freitag schon wertlos war, heißes Wasser fürs mitgebrachte Kaffeepulver gegeben haben.

rungen des Alberttheaters nieder. Reformgedanken erfassten auch das Bildungswesen.

Sport, Vereinswesen und Gewerbe profitierten von der stürmischen Entwicklung. Mit dem Wirken Mary Wigmans in der Neustadt verband sich eine neue Ausdruckssprache im Tanz, die von Deutschland in alle Welt ausstrahlte.

Ausgerechnet im Jahr des Schwarzen Freitags an der New Yorker Börse erhielt Dresden seinen ersten Wolkenkratzer: Das Hochhaus am Albertplatz wurde zum markanten Torwächter der Antonstadt, obwohl die Bevölkerung den neuen Baustil zunächst vehement abgelehnt hatte. Auch die Errichtung des Zeitungsverkaufsstandes auf dem üppig begrünten Albertplatz im Jahr zuvor hatte die Tagespresse als »Verstümmelung der Anlagen« gebrandmarkt.

In Folge der Weltwirtschaftskrise sanken die Einkommen. Die Hälfte der Haushalte begnügte sich mit dem verbreiteten Stube-Kammer-Küche-Standard. Lea Grundig, die mit ihrem Mann Hans 1928 unters Dach der Melanchthonstraße 14 gezogen war, empfand es

Auf und ab
Die Einführung der Rentenmark im November 1923 leitete eine Erholung und den allmählichen ökonomischen Aufschwung der Goldenen Zwanziger ein. An der Alaunstraße tauchten die ersten Automaten im Geschäft auf. Neubauten entstanden an der Bischofswerder Straße. Das Aufblühen der Kultur und moderner Auffassungen schlug sich in progressiven Aufführ-

Als die Bilder laufen lernten, verwandelte sich aufgrund der Nachfrage so manches Theater in ein Cinematographen-Theater. In der Antonstadt flimmerten die Stummfilme über die »Weiße Wand«, wie der Volksmund Apels »Hansa-Theater« nannte; sie liefen im »Kosmos« an der Alaunstraße 28 und im »TB«, Theater am Bischofsplatz.
Mit Einführung des Tonfilms Ende der zwanziger Jahre erreichte die Kinotechnik eine neue Qualität. Am 15. Oktober 1927 wurde die »Schauburg« eröffnet, der erste große und freistehende Filmpalast in der Neustadt. Er bot 1000 Zuschauern Platz und verfügte von Anfang an über einen Orchestergraben, eine Kino-Orgel und eine hauseigene Wochenzeitung.

als typische Mietskaserne: »Das war die billigste Wohneinheit. Aus den Fenstern guckte man in einen kahlen Hof, wieder auf Fenster einer gleichen Mietskaserne, nur durch das Treppenfenster dieser Hausfront erblickte man den Himmel und erahnte die Elbe.«

Auftritt der Agitprop-Gruppe »Rote Raketen« 1930 vor einer Anlaufstelle der »Internationalen Arbeiterhilfe«, beide spielten in der Neustädter Arbeiterbewegung eine tonangebende Rolle.

1932 hinterließen Wahlwerber der SPD Schablonengraffiti an Neustädter Hauswänden wie hier an der Pulsnitzer Straße 2. Ob diese Art der Fassadenmalerei legal war, ist nicht überliefert. Die Vorkriegsfarbe jedenfalls ging eine feste chemische Verbindung mit dem Mauerwerk ein und überdauerte so Regierungen verschiedenster Couleur.

Die Straße als Bühne
Ende der zwanziger Jahre bevölkerten rund 40 Prozent Arbeiter, 19 Prozent Beamte und Akademiker sowie 21 Prozent Handwerker das Viertel.

Im August 1930 veranstaltete der Verband zur Förderung der Neustadt eine Festwoche – wohl auch als verbrauchsanimierende Mutmachaktion. Ein Festumzug zeigte einen blumengeschmückten Korso von Equipagen, Brautkutschen und Radfahrern bis hin zum Damen-Automobilklub. Die Straßen waren üppig geschmückt und ein Schaufensterwettbewerb stachelte die Ladeninhaber zu schönsten Dekorationen an. Musik und Kultur begeisterten die Einwohner; Museen boten Sonderführungen an.

Der wirtschaftliche Niedergang jedoch spitzte sich zu und mit ihm die parteipolitischen Auseinandersetzungen in Stammkneipen und auf der Straße. Die Sebnitzer sah zahlreiche Kundgebungen und Versammlungen, die oft eine Schalmeienkapelle oder die »Roten Raketen« umrahmten. Oben an der Giebelwand der Nummer 41 klebten dann provokante Plakate, die nur aufwendig wieder zu entfernen waren.

Richtfest am Albertplatz: Das erste Hochhaus Dresdens entstand 1929 innerhalb von sieben Monaten nach Plänen Hermann Paulicks.
Der 40 Meter hohe Elfgeschosser gilt als erstes Hochhaus Deutschlands in Stahlbetonskelett-Bauweise. Es sollte den Diskussionen um New Yorker Wolkenkratzer im barocken Stadtbild mit vollendeten Tatsachen ein Ende setzen. Eigentümer des Wohn- und Geschäftshauses war Doktor Hesse, nach dem es auch den Beinamen Ärztehaus erhielt. Genutzt wurde es zeitweise von der Sächsischen Staatsbank und der Chemischen Fabrik Heyden.
Nach dem Krieg hatten die Lokalredaktion der Sächsischen Zeitung bis 1966 und ab 1952 die Dresdner Verkehrsbetriebe hier ihren Sitz. Seit 1997 steht der denkmalgeschützte Bau leer.

Massenaufmarsch und Fließbandtrauung

Die Nazi-Zeit

Am 1. März 1934 kamen in einer Art Fließbandtrauung in der Frauenkirche 68 Arbeiterinnen der Chlorodont-Werke unter die Haube. Die Hochzeit wurde vom Betrieb finanziert – allerdings unter der Bedingung, dass die frisch Vermählten der Kündigung zustimmten, um sich ganz dem Familienglück widmen zu können.

Hakenkreuz-Flaggen am Orpheum und an der Antonstädter Feuerwache.

Mit der Machtübernahme der Nationalsozialisten 1933 begann die allumfassende und systematische Gleichschaltung. In der Antonstadt wiesen die Adressbücher zwei NSDAP-Ortsgruppenverbände auf: »Markgraf« an der Königsbrücker Straße 22 und »Alaunplatz« am Bischofsweg 6. Die Schule an der Jordanstraße wurde zum Heim der Hitlerjugend umfunktioniert, die in der Dresdner Heide Panzerfaustübungen absolvierte.

1942 wohnten knapp 44 Prozent Arbeiter, Boten und Gehilfen in der Antonstadt, rund 21 Prozent Handwerker, 19 Prozent Beamte und Akademiker sowie 9 Prozent Händler. Die Geschichtsforschung in der DDR legte besonderes Augenmerk auf den antifaschistisch-proletarischen Widerstand, der daher für das Viertel gut dokumentiert ist. Demnach hatte sich bereits 1932 ein Antifa-Komitee aus KPD, SPD und Parteilosen gebildet. Deren Mitglieder verkauften Häuserblockzeitungen und verteilten Flugblätter. Die Besprechungen fanden in der Stammkneipe statt. Man traf sich außerdem illegal im Buchladen Nestler Bautzner Straße 27 sowie im dortigen Hausflur oder in den Wohnungen zuverlässiger Genossen.

Am 24. November 1933 ermordeten Faschisten in Berlin den Schauspieler Hans Otto, geboren am 10. August 1900 in der Frühlingstraße 12. Der Grund: Er war in Agitprop-Gruppen aufgetreten, mit 23 Jahren der KPD beigetreten, später Funktionär im Arbeiter-Theater-Bund Deutschlands und in der revolutionären Gewerkschaftsopposition geworden.

Getarnt als Buchhandlung für Wehrmacht und Luftfahrt überlebte der parteilose Familienbetrieb Elfriede und Arthur Nestler die Nazizeit. Der Laden an der Bautzner Straße 27 bildete eine Anlauf- und Kontaktstelle für viele Regimegegner, darunter auch Künstler wie Lea und Hans Grundig, Eva Schulze-Knabe und Fritz Schulze.

Zur einsetzenden Aufrüstung gehörte die Vorbereitung der Bevölkerung auf den Luftkrieg. Eine Gasmaske für fünf Reichsmark – ein Tagesverdienst – musste sich ab 1937/38 jeder Bürger zulegen. Keller wurden zu Luftschutzräumen. Noch in den 90ern waren die Buchstaben »LSR« an einigen Fassaden wie hier an der Wolfsgasse 7 zu lesen.

Widerstand

In der Lampenfabrik Böhme & Hennen an der Görlitzer Straße 16 fand sich 1937 eine Untergrundzelle der KPD unter Leitung von Karl Stein und Herbert Bochow zusammen. Sie leitete die illegale KPD-Arbeit von 30 weiteren Zellen in Dresden und Umgebung, hatte Verbindungen nach Berlin und Leipzig, war vernetzt mit ehemaligen SPD-Mitgliedern, Arbeitersportlern und dem Rotfrontkämpferbund. In der Neustadt bestanden sieben, nach 1930 acht Zellen, die jeweils 10 bis 35 Genossen umfassten. Um nicht als größere Gruppe von der Gestapo aufgedeckt zu werden, tauschte man sich unter dem Deckmantel großer Vereine beim Wandern, Skisport oder Bergsteigen aus.

1941 traf eine der zahlreichen Verhaftungswellen die Leiter der Zelle Böhme & Hennen Fritz Schulze, Karl Stein, Alfred Hensel und Herbert Bochow. Elsa Eisold, Angestellte bei Nestlers, wurde aus dem Buchladen heraus verhaftet.

Krieg und Rosen

Zur Vorbereitung der Bevölkerung auf den Luftkrieg wurden Keller zu Luftschutzräumen umgebaut und miteinander verbunden; bis in die neunziger Jahre konnte man die mit weißer Vorkriegsfarbe angebrachten Buchstaben »LSR« noch an einigen Fassaden erkennen.

Größere unterirdische Sammelstellen richtete man vor allem in Schulen ein. Reste davon sind beispielsweise im heutigen »Panama« noch als Teil des Spielplatzes erhalten. Im Keller der Jungenberufsschule »Hermann Göring« an der Melanchthonstraße 9 betrieb das städtische Luftschutzamt eine Rettungsstelle zur Betreuung von Verletzten nach Luftangriffen.

An städtebaulichen Veränderungen ist die 1935/36 erfolgte Sprengung der baufälligen und bereits um 1930 stillgelegten Schokoladenfabrik Jordan & Timaeus hervorzuheben. Auf dem Gelände entstand im Anschluss jene für die Antonstadt eher untypische Kleinwohnanlage an der neu angelegten Timaeusstraße. Für die Olympiade und die Gartenbauausstellung 1936 wurden das Königsufer und der parkartige Rosengarten angelegt.

Sprengungen 1935 und 1936 setzten den baufälligen Fabrikgebäuden von Jordan & Timaeus ein Ende. Im Auftrag der Heimstättengenossenschaft »Sachsenland« errichtete der Architekt, Bauherr und Besitzer Herbert Steinert die neue Bebauung. Auffallend ist der qualitätvolle ländlich-kleinstädtische Charakter des Ensembles mit seinen Wohnhöfen und Vorgärten, der die Umgebung allerdings völlig missachtet. Zwar kam das dem gerade obligaten Heimatstil entgegen, dennoch flossen Aspekte der Gartenstadtidee und Anregungen des Bauhauses in die Ausführung ein.

Die Speisekarte des Hotels »Stadt Rendsburg« von 1939 offeriert einheimische Küche von Altdeutschen Würsten bis zu Königsberger Klopsen.

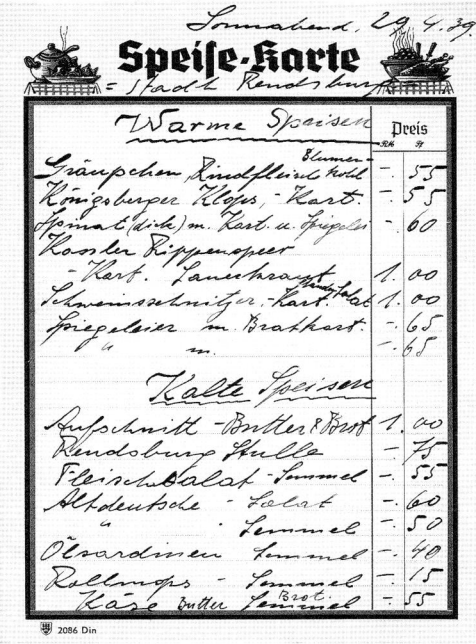

Junge Antonstädterin in der Uniform des Bundes Deutscher Mädel (BDM).

Zu den regelmäßigen Topfmärkten auf dem Alaunplatz gehörte stets auch eine Mini-Vogelwiese. Sie bestand aus einer Budenstraße, Karussells und Fahrgeschäften, die die Antonstädter Kinder und Jugendlichen magisch anzogen.

Judenverfolgung

Zum Rosengarten wie zu allen öffentlichen Anlagen verwehrten Schilder ab 1942 Juden den Zutritt. Gezielt hatten die Nazis von Anfang an diffuse rassistische Tendenzen und antisemitischen Hass geschürt und die Ablehnung großkapitalistischer Ausbeutung auf die jüdische Bevölkerung gelenkt. Was mit dem Boykott ihrer Geschäfte durch die SA im April 1933 begann – hier betraf es Wurst-Scherber und Kino-Wolf an der Ecke Alaun-/Böhmische Straße oder Zigaretten-Frischmann an der Louisenstraße –, endete für die meisten der Dresdner Juden später in den Konzentrationslagern.

Am 1. April 1933 rief die SA zum Boykott jüdischer Geschäfte auf, hier vor einem Laden in der Alaunstraße, vermutlich Nummer 4.

Im Keller der Louisenstraße 44 fand sich noch in den neunziger Jahren diese ausrangierte Ladentür. Die Schilder »Arisch« zu 20 Reichsmark verkaufte die NSDAP zwangsweise gegen Nachweis an Geschäftsinhaber.

1939 begannen die Behörden mit der Zwangsumsiedlung in 37 sogenannte Judenhäuser. Die unfreiwilligen Bewohner lebten zusammengepfercht und waren den steten Gestapo-Misshandlungen ausgesetzt, bis sie gewaltsam abtransportiert wurden. In der Antonstadt sind dafür die Kurfürstenstraße 11 und 22 sowie der Sitz der Gemeinde an der Bautzner Straße 20 belegt. Unter den Betroffenen befand sich auch die sächsische Volkskammer- und Landtagsabgeordnete Julie Salinger. Die Nazis beraubten die 79-Jährige per »Heimeinkaufsvertrag für eine Gemeinschaftsunterbringung« ihres gesamten verbliebenen Vermögens und deportierten sie und ihre fünf Jahre jüngere Schwester Bertha im August 1942 nach Theresienstadt, wo beide umkamen.

Der Rosengarten entstand ab 1935. Für 50 Pfennige am Tag legten billige Kräfte des Arbeitsdienstes den Park nach Plänen des Stadtgartendirektors Balke an. Wohl auch um Bauspekulationen zu verhindern, ließ die Stadtverwaltung 6000 Rosen anpflanzen. Nach der Reichsgartenschau im Folgejahr wurde der Lehr- und Schaugarten komplettiert. An allen Eingängen stand: »Für Juden Zutritt verboten«.

Ende und Neuanfang
Das Jahr 1945

An dem Hochhaus am Albertplatz soll Erzählungen zahlreicher Dresdner zufolge am 13. Februar 1945 **ein britischer Bomber zerschellt** und in der Tagespresse als einziger Feindverlust gefeiert worden sein. Nachforschungen ergaben, dass die Maschine in der Luft getroffen und ihre Wrackteile in der Neustadt verstreut worden waren. Die sechs Besatzungsmitglieder kamen ums Leben.

Ein Zeitzeugnis

In einem Brief vom 20. Februar 1945 schilderte Ruth Ries ihren Eltern die kurz zuvor unternommene Stippvisite entlang der Bautzner Straße in die Neustadt:
»Ab dem Waldschlösschen wehte uns Brandgeruch entgegen. Bald war jede Villa zerstört oder ausgebrannt. Es wurde immer schrecklicher. Ab ›Goldener Löwe‹ nur noch Ruinen, die Straßen hoch mit Steinmassen bedeckt. Am Albertplatz das Theater des Volkes ohne Dach, vollkommen ausgebrannt. Ein Lastauto fuhr heran, voll beladen mit nackten Frauen- und Kinderleichen ohne Plane darüber.«

Am 16. Januar 1945 peilten US-amerikanische Flugzeuge statt Ruhland die Elbmetropole an. Sie trafen beim Angriff unter anderem einige Gebäude in der Antonstadt.

Am 13. Februar bombardierten britische Piloten den Norden und das Theater am Albertplatz, vermutlich aufgrund von Kursabweichungen und zu früh oder zu spät ausgeklinkten Abwürfen. Zahlreiche Wohnhäuser, besonders zwischen Tieckstraße und Rosengarten, gingen in Flammen auf. Die Städtische Studienanstalt für Mädchen, das Staatsgymnasium und die 49. Volksschule fielen dem Bombenhagel zum Opfer. Schwere Zerstörungen erlitten die Hallen des Turnvereins und die gegenüberliegenden Gebäude, die Kreuzung Alaun-/Louisenstraße, beide Enden der Böhmischen Straße, Fabrikteile hinter der Görlitzer Straße, die Eckhäuser an der Martin-Luther-/Bautzner Straße sowie die Bebauung an der Königsbrücker Straße zwischen Katharinenstraße und Louisenstraße. Die Schwestern der Diakonissenanstalt überlebten mit sämtlichen Patienten im Prießnitztunnel. Im Luftschutzkeller der Prießnitzstraße 2 hingegen kamen alle Menschen ums Leben, darunter die Gäste einer Hochzeitsgesellschaft des »Cafés Schiller«.

Ein Hausbewohner, der als Kind den Angriff überlebt hatte, erzählte später, dass die Prießnitzstraße 2 mitsamt einer im Luftschutzkeller befindlichen Hochzeitsgesellschaft durch eine Luftmine getroffen und zerstört worden sei. Am nächsten Tag habe man viele der auf über 100 geschätzten Toten, darunter kleine Kinder, an der Straße vor der Ruine aufgebahrt. Es heißt, noch heute lägen Skelette unter den Trümmern, da die Räume aufgrund von Einsturzgefahr nie beräumt wurden.

Gedenkstein an der Prießnitzstraße 2
An einem Findling mit der Inschrift »13. Februar 1945« legen Dresdner alljährlich Kränze und Blumen nieder. Das Mahndepot »Ort 58«, eine mit zugehörigen Erinnerungsstücken gefüllte Edelstahlhülse, kam auf Initiative der IG 13. Februar und der Künstlervereinigung Kunstplan 2005 in den Gehweg.

Flüchtlingslager in der Schule

»Ich war am 13. Februar als Rotkreuzschwester im Flüchtlingslager Tieckstraße in der 49. Volksschule eingesetzt. Es waren Strohlager aufgeschüttet, und wir bekamen täglich Transporte von Schlesierinnen, die sich bei uns einen Tag lang ausruhen durften, ihre Kinder mal baden und ihre Koffer und Bündel neu ordnen konnten. Zusammen mit 750 Frauen und Kindern bin ich nach dem Angriff aus dem Keller geflohen. In langem Zug überquerten wir den Schulhof, vorbei an der brennenden Turnhalle, hinter uns die brennende Schule. Den zweiten Angriff habe ich in der gegenüberliegenden Berufsschule Melanchthonstraße erlebt und helfen können, wenigstens diesen Erlwein-Bau zu retten«, schreibt Helga Sievers, Leiterin der dortigen Sanitätsstelle. Am Morgen des 14. Februar 1945 wurden die Flüchtlinge mit Militärfahrzeugen aus der Stadt gebracht. Alle überlebten.

Zwischen Tieckstraße und Rosengarten wurde ein Großteil der Gebäude an Weintrauben-, Kurfürsten- und Glacisstraße getroffen, darunter das Geburtshaus des Schriftstellers Ludwig Renn, geb. Arnold Vieth von Golßenau, die Glacisstraße 2.

Den nächsten Luftangriff erlebten die Dresdner am 2. März. In der Äußeren Neustadt waren Bischofsweg und Prießnitzstraße betroffen. Heinz S. erinnerte sich: »Vom Reichsadler, der Ballsaal war Behelfslazarett, wurden die Gefangenen mit leichten Verletzungen auf jedes zweite Haus verteilt. Sie wussten schon Bescheid, gingen gar nicht erst in die Keller, sondern stiegen unmittelbar nach dem Angriff aufs Dach, um die Brandbomben herunterzuwerfen.« Eine Woche später fielen die letzten Bomben zwischen Anton- und Lößnitzstraße sowie an der Feuerwache.

Im April mussten schließlich sogar ältere Schüler zum Stellungsbau antreten. »Kurz vor der Angst waren noch Splitterschutzgräben an der Südseite des Alaunplatzes angelegt worden«, sagte Heinz S. Im Schulgebäude an der Görlitzer Straße waren Volkssturm-Einheiten stationiert.

Gegen Kriegsende strömten endlose Kolonnen an Flüchtlingstrecks über die Königsbrücker Straße herein. Am 7. Mai trafen die ersten Einheiten der Roten Armee in der Neustadt ein, die den Raum Dresden einen Tag vor der bedingungslosen Kapitulation einnahmen.

Russische Wegweiser am Albertplatz, im Hintergrund das ausgebrannte Alberttheater, dessen erhaltene Außenmauern im Herbst 1949 abgetragen wurden. Obwohl Fritz Löffler auf die für Dresden hohe kulturgeschichtliche Bedeutung nachdrücklich hingewiesen hatte, waren bereits im Folgejahr auch Bühnenhaus und Zuschauerraum verschwunden.

»Fort mit den alten Naziuniformen
Der Unterricht in der Schule in der Weintraubenstraße ist beendet, die Türen werden aufgestoßen und die Menge der Jugendlichen drängt aus dem Gebäude. Man glaubt, seinen Augen nicht zu trauen. Da sieht man DJ- und HJ-Uniformen so komplett mit Koppel und allem Klimbim, daß eigentlich nur noch die Armbinde fehlt. Da die Kinder, die die Höhere Schule besuchen, sicherlich wirtschaftlich nicht schlechter gestellt sind als die der Volksschulen, ist der Verdacht naheliegend, daß es sich hier nicht um eine Notlage, sondern um eine politische Demonstration handelt.«

Leserzuschrift in der Sächsischen Volkszeitung vom 1. Oktober 1945

»Alle Verfolgten des Naziregimes unserer Stadt kennen dieses Haus. War es doch die erste Anlaufstelle der aus den Zuchthäusern und Konzentrationslagern heimkehrenden Antifaschisten«, erinnerte sich Herbert Hilse. In der Bautzner Straße 2 befand sich seit Mai 1945 die kommunale Hilfsstelle der Opfer des Faschismus (OdF). Die völlig mittellos Ankommenden wurden an diesem zentralen Sammelpunkt erfaßt, mit Lebensmittelmarken, Kleidung, Wohnraum, Möbeln oder Geld versorgt und zum Neuaufbau eingesetzt.

In dem vorher und nachher als Berufsschule genutzten Gebäude Melanchthonstraße 9 eröffnete wenige Tage nach Kriegsende das erste Rathaus der Stadt. Der kommissarisch eingesetzte Oberbürgermeister Dr. Rudolf Friedrichs hatte ab 12. Mai hier seinen Sitz. Mit ihm bezog die vom sowjetischen Stadtkommandanten bestätigte antifaschistisch-demokratische Stadtverwaltung das Quartier.

Einzug der Sieger

Walther Dutschke, Branddirektor der städtischen Berufsfeuerwehr, berichtete: »Mitten auf dem Albertplatz brannte ein abgeschossener russischer Panzer. Hier und da lag die Leiche eines Gefallenen. An den Häusern – soweit sie nach den Angriffen intakt waren – hatten die Erdkämpfe nur geringe Spuren hinterlassen. Durch die Königsbrücker Straße ergoß sich stadtwärts ein unaufhörlicher Strom russischer Soldateska, unter dem mir die große Zahl bewaffneter Frauen auffiel. Der Platz vor dem Neustädter Bahnhof war angefüllt mit haltenden Kolonnen, die in buntem Durcheinander herumstanden, lagerten oder an offenen Feuerstellen kochten. Andere Gruppen durchstreiften die wenigen noch erhaltenen Gebäude der Nachbarschaft. Polstersofas und Sessel wurden ins Freie gebracht. Auf ihnen räkelten sich behaglich die ermatteten Krieger, denen man anmerkte, daß sie erstmalig derartigen Luxus genossen. Die Truppen waren offenbar reichlich mit Alkohol versorgt, uns gegenüber jedoch nicht unfreundlich. Haß habe ich an keiner Stelle beobachtet.«

Recherchen Gerhard Ackermanns zufolge hatte die Besatzungsmacht die Vorführmaschinen der Schauburg beschlagnahmt und abtransportiert. Dank der Genehmigung von Oberstleutnant Solowjow mit den Worten »Nu, karascho. Gitler kaputt. Fritz wieder lachen. Dawai!« konnte Rudolf Palm am 1. Juni 1945 mit dem Volksvarieté in der Schauburg die erste Kleinkunstbühne in der Nachkriegszeit auf deutschem Boden eröffnen.

Tagsüber wurde der größte in Dresden zur Verfügung stehende Saal auch zu Versammlungszwecken genutzt. So fand am 11. Juli 1945 die Gründung des Freien Deutschen Gewerkschaftsbundes (FDGB) aus Industrieverbänden, freien, oppositionellen und christlichen Kräften für Sachsen statt. Im Jahr darauf nahm das Kino die Filmvorführungen wieder auf. Der Spielbetrieb lief nun hier, im Faun-Palast und in den Park-Lichtspielen unter dem Dach der »Sovexportfilm«. Zu DDR-Zeiten diente das Kino mit der begehrten »Visionsbar« unter anderem zu Jugendweihe-Feierlichkeiten. Nach der Wende erfolgte der Einbau weiterer Säle.

Über dem 1910 errichteten Kaufhaus an der Königsbrücker Straße 38 (rechts) wohnten Erich Kästners Eltern Ida und Emil auch noch 1945. Im September 1946 gelang dem Sohn nach mehreren missglückten Versuchen die Einreise. Zurück in Dresden erkannte er seine Geburtsstadt kaum wieder. »Ich lief einen Tag lang kreuz und quer durch die Stadt, hinter meinen Erinnerungen her. Die Schule? Ausgebrannt... Das Seminar mit den grauen Internatsjahren? Eine leere Fassade... Die Dreikönigskirche, in der ich getauft und konfirmiert wurde? Der Turm steht wie ein Riesenbleistift im Leeren...«

Im Dezember 1947 musste Emil Kästner samt zugewiesener Untermieterin die Wohnung auf Anweisung des Ministeriums für Außenhandel der UdSSR räumen. Eine FDJ-Gruppe, vermutlich jene von der Tal-/Ecke Louisenstraße, half beim Umzug in die Bernerstraße 7. Unweit davon war Ida Kästner im Sanatorium untergebracht. Über den Verkaufsräumen der Königsbrücker Straße 38 zog eine Binnenhandelsschule im zweiten und dritten Stock ein.

Doch die Nächte sahen anders aus. Während in der Nacht zum 8. Mai von der Neustadt aus in die von den Deutschen noch verteidigte Altstadt geschossen wurde, flammten an verschiedenen Punkten der Neustadt Brände auf. Bereits am Nachmittag hatten etwa 40 Frauen und zahlreiche Kinder Schutz auf der Feuerwache gesucht, berichtete Walther Dutschke. Auch an nächtliche Alkoholexzesse der Kampftruppen erinnerte er sich. »Mit Kolbenschlägen wurden Haustüren und Fensterscheiben eingeschlagen. Wenige Augenblicke später schrieen verzweifelte Frauen. Dazwischen fielen Schüsse. Nächtelang wiederholten sich diese Vorkommnisse.«

»Unaufhörlich kamen Bewaffnete in die Feuerwache, die mit vorgehaltener Waffe das ganze Grundstück durchsuchten«, erzählte

Walther Dutschke weiter. »Zweifellos war den Truppen das Beutemachen gestattet worden; Offiziere hielten sich zurück. Konnte ich wirklich einen solchen erreichen, so hütete sich dieser einzugreifen.« Das Interesse galt zunächst Fahrzeugen und Treibstoff, Uhren und Wertsachen. »Wiederholt wurden die Wachen an den Eingängen gezwungen, ihre Stiefel auszuziehen und an die Russen abzuliefern, so daß ich diese Posten schließlich in Filzschuhen Dienst tun lassen mußte. Sie boten ein geradezu erschütterndes Bild.«

Das Leben geht weiter

Obdachlose drängten in die Neustadt, da dieses Viertel noch relativ intakt war. Doch auch hier wurde es bald eng. Die Besatzer ordneten Zwangsräumungen an; die kommunalen Frauenausschüsse sondierten Wohnraum für Ausgebombte.

»Die Überlebenden unter den Verwandten rückten zusammen. Sonntags brachte jeder etwas für die gemeinsame Mahlzeit mit: ein Ei, zwei Kartoffeln, Kohlen«, erinnerte sich Elke Hofmann. Man züchtete Kaninchen, baute Tabak und Gemüse an, wo Platz war. Manch einer hatte sein Gärtchen an der Hansastraße. Markt wurde auf einer Kriegsbrache an der Alaunstraße gehalten. Zum Bäcker nahm man einen Beutel mit und in den Kaufmannsladen ein Töpfchen für Milch oder Quark. Ab nun prägten Zwangsrationierungen den Alltag.

Die ersten Friedensjahre beschrieb Elke Hofmann so: »Damals hatten von uns 30 Erstklässlern nur drei den Vater zu Hause. Es gab keinen Hort und die Mütter mussten arbeiten. Mich betreuten die Großeltern in der Wohnung. Wir hatten immer zwei bis drei Schlüsselkinder zu Gast. Auf der Alaunstraße spielten wir Kreisel und Huppekästchen.«

So sah es 1952 an der Louisenstraße 7 aus.
In jenem Jahr fuhr auch noch eine der Dresdner Trümmerbahnen am Königsufer entlang, um den Schutt aus der Inneren Neustadt auf die Elbwiesen zu schaffen. Erhaltene Feldbahnschwellen im Asphalt nahe der Albertbrücke erinnerten noch an die Strecke, die bis August 1952 über die Radeberger Straße bis zur Kippe Jägerpark fuhr.

Aufnahme Vertriebener

Auf die massenhafte Vertreibung von Deutschen aus den angrenzenden Gebieten und deren zwangsläufige Aufnahme hier waren weder die Besatzungsmacht noch die Zivilverwaltung vorbereitet. Zunächst wies man den Ankommenden vorübergehend leer stehende Gewerbeeinheiten zu, von denen manche später gänzlich umgenutzt wurden.

ABC-Schütze Elke Hofmann erinnert sich noch gut an ihre Einschulung 1949 in die 15. Grundschule:
»Fräulein Grütter von der geschlossenen Waldorfschule Jägerstraße ließ uns die Hefte schön mit Ornamenten ausgestalten und machte mit uns Bewegungsübungen am Platz. Mehrmals im Jahr führten wir Laienspiele auf.«

Ab Juli 1945 existierten sieben Auffanglager in Dresden. Vier waren vom Neustädter Bahnhof aus per Zug oder Straßenbahn zu erreichen, eines befand sich im Industriegelände an der Königsbrücker Straße. Den nahe gelegenen Stadtteil durchstreiften daher viele Fremde – in der Hoffnung auf Nächstenliebe. »Es kamen Flüchtlinge und entlassene Kriegsgefangene ins Haus. Sie hatten kahle Köpfe und Lumpen um die Beine und bettelten. Meine Großmutter hat immer genug gekocht, ließ sie aber im Treppenhaus essen. Ein Zimmer machte sie für eine Familie aus Schlesien frei«, erzählte Elke Hofmann. Und Walther Dutschke ergänzte: »Aus der Tschechoslowakei trafen deutsche Flüchtlinge ein. Sie kamen elend und völlig erschöpft zu Fuß an. In unserer Sanitätsstelle wurden damals Hunderte von Verbänden als erste und wahrscheinlich einzige Hilfe angelegt. An den Straßen Zusammengebrochene wurden mit Handwagen in die Krankenhäuser gebracht.«

Zu den Kriegszerstörungen kamen weitere. »Zahlreiche Denkmale gingen in der Notzeit verloren, weil man sie nach Bau- oder Brennstoffen ausschlachtete. So wurde der im Wesentlichen unbeschädigte Dachstuhl des Weberhauses an der Holzhofgasse im Winter 1945/46 von unbekannten Tätern gestohlen. Eine Ortsbesichtigung des städtischen Denkmalpflegeamtes ergab im November 1949, dass das Gebäude durch die Witterungseinflüsse so stark gelitten hatte, dass seine Instandsetzung nicht mehr möglich war«, schreibt Matthias Lerm.

So wie dieses Geschäft an der Kamenzer Straße 22 fanden viele Läden aus der zerstörten Altstadt ein neues Domizil im weitgehend erhaltenen Gründerzeitviertel.

Stellvertreter für die tote Innenstadt

Die Kaufhalle an der Alaunstraße 8 blieb bis Anfang der fünfziger Jahre russischen Offizieren und Wismutarbeitern vorbehalten. Was es dort auf besondere Bezugsscheine zu kaufen gab, war durch die weiß gestrichenen Fenster nicht zu erkennen.

Das Angebot für die Anwohner schien dessen ungeachtet recht vielfältig gewesen zu sein. Noch waren viele Ladeninhaber vor Ort. Alaun-, Königsbrücker Straße und Bischofsweg bildeten eine Einkaufswelt für sich. Der Schwarzmarkt befand sich an der Hellerstraße. An Handwerkern herrschte noch kein Mangel. »Der Elektriker kam sogar, wenn eine Glühbirne kaputt war, und drehte eine neue rein«, blickte Elke Hofmann zurück.

Einkaufsmöglichkeiten und Kultur wie Varieté, Theater und Ausstellungen, genauso das politische Leben formierten sich in der Neustadt bald wieder. Stellvertretend für die zerstörte Innenstadt nahm der zentrumsnahe Stadtteil das erste Rathaus und den Landtag auf. An der Sebnitzer Straße 2 zog das Antifa-Komitee des Stadtbezirks 17 ein; in der Sängerklause bildete sich im Juni 1945 unter Leitung Erich Glasers die KPD-Organisation des Stadtteils. Am Platz der Einheit/Ecke Königstraße bezog die Kreis- und Bezirksleitung der KPD Quartier, später der Landesvorstand der SED.

Die städtebaulichen Strukturen waren in diesem Viertel noch intakt. Trotzdem forderte Kurt W. Leucht, Geschäftsführer der im Januar 1949 gegründeten Freien Arbeitsgemeinschaft (FAG), den Neuaufbau und »Baugenehmigungen zu versagen, wenn in zu dicht bebauten Gebieten wie in der Antonstadt Gebäudeerneuerungen fällig würden.« Der entstehende Wohnungsverlust sei in den Neuplanungsgebieten auszugleichen. So zeichnete sich bereits damals ab, dass die Behörden die Äußere Neustadt aufgeben würden.

Vom Arbeiterstaat abgeschrieben?

Die 50er, 60er und 70er Jahre

Gottfried Sempers »Villa Rosa« an der Holzhofgasse 20 wurde 1955 abgerissen.

Private Gemüsegärten wie diese vor der Garnisonkirche legten die hungernden Neustädter nach dem Krieg praktisch auf allen nutzbaren Brachen und Hinterhöfen an.

»Der Zusammenhalt und das schöne Wohnen sind vorbei, seit die Gebäude so hinfällig sind. 22 Kinder wohnten in unserem Haus, das Leben fehlt eben. Es ist alles unansehnlich geworden, so dass wir heute ein Assiviertel sind«, fasst eine betagte Bewohnerin 1991 die vorangegangenen Jahrzehnte zusammen.

Der Erhaltung der Altbausubstanz standen mehrere Hindernisse im Weg. Die Mieten hatte der Arbeiterstaat auf dem Niveau von 1936 eingefroren. Die Abgabenbelastung für die privaten Eigentümer wuchs auf das Vierfache. Bei Bewertung der Hypotheken 1:1 wurden die Baurücklagen 1:10 abgewertet. So mancher Hausbesitzer verlor schließlich seine Immobilie: »Mein Mann war schwer krank und konnte nicht mehr arbeiten. Aufgrund der hohen Grundstückssteuer und niedrigen Mieten musste er Verzicht erklären«, blickte eine Neustädterin bedauernd zurück.

Tabula rasa – die Fünfziger

Das Bedürfnis der neuen Machthaber, in der schwer zerstörten Stadt völlig neu anzufangen, wirkte sich noch Jahre lang aus – bis hin zu willkürlicher Beseitigung beschädigter kirchlicher und bürgerlicher Bausubstanz. So folgte der Abtragung des Theaters am Albertplatz die Katholische Kirche St. Franziskus Xaverius. Deren Gemeinde erhielt den als Martinskirche bezeichneten Teil der Garnisonkirche zur Nutzung.

An allen Enden fehlten Bauleute, Material und Gerüste. Die in den Fünfzigern einsetzende Industrialisierung des Bauwesens sollte den Durchbruch zur massenhaften Schaffung von Wohnraum bringen und die bisherige »Handwerkelei« ablösen. Privat geleitete Unternehmen erhielten ab 1950 keine größeren Bauaufträge mehr, um die Entwicklung der Volkseigenen Betriebe (VEB) nicht zu hemmen. Immer mehr Reparaturbetriebe mussten schließen und Arbeitskräfte für den Bausektor freisetzen. Andere wurden zu Produktionsgenossenschaften des Handwerks (PGH) zusammengeschlossen.

Auf ihrem Grundstück Oberer Kreuzweg 1a baute die Stadtmission in der Nachkriegszeit ihre Arbeit wieder neu auf, nachdem all ihre innerstädtischen Einrichtungen 1945 zerstört worden waren. Die Gotteshütte, der 1950 geweihte einstöckige Bau, diente behelfsmäßig als Aufenthalt und Übernachtungsstätte für Heimkehrer, Ausgebombte und Flüchtlinge. Hier fanden Gespräche mit Kirchenfremden, Gottesdienste für Umsiedler oder die Sonntagsstube für Einsame statt.

Nachdem der Alaunplatz noch bis 1945 zum Exerzieren gedient hatte, beschloss man 1946, ihn zum Volkspark umzugestalten. Vorerst verwandelte sich die Fläche jedoch zum großen Bauplatz. Er lieferte Sand für den Wiederaufbau der Stadt. Die bis zu neun Meter tiefen Löcher verfüllte man mit Trümmerschutt, beseitigte die Ruine der abgebrannten Reithalle, die Splittergräben und Luftschutzräume und füllte den Hang an der Nordseite auf. Von den Villeroy&Boch-Fliesen des Ehrenmals für die Gefallenen des Ersten Weltkrieges fehlt jede Spur.

1954 begann die Neugestaltung des Platzes mit Grünanlagen und einem Pavillon. Wettbewerbe und Diskussionen um den halbfertigen Park folgten. Nach 1957 verwandelten sich die verbliebenen Brachen zu Grünflächen mit Blumenbeeten, auch Spielplätze entstanden. Man feierte wieder Volksfeste und besuchte Kinovorführungen im Freien. 1965 kamen Rodelbahn und Sprungschanze hinzu. Die beiden Kindergärten an Stelle der ehemaligen Exerzierhalle an der Ecke Kamenzer Straße eröffneten 1967/68.

Die Neuorientierung nach 1945 sollten auch zahlreiche Umbenennungen von Straßen und Plätzen manifestieren. Anlässlich des II. Pioniertreffens im August 1955 erhielt der Alaunplatz während eines Volksfestes mit zahlreichen Darbietungen und Feuerwerk den Namen »Platz der Thälmann-Pioniere«.

Die Durchsetzung der Großblockbauweise und in der Folge der Plattenmontage war nach vielversprechenden Versuchen und »Glaubenskämpfen« unwiderruflich festgelegt. »Der Begriff Tonnenideologie nennt das Übel beim Namen«, schrieb Autor Otto Baer. Damit legte man auch Versuche an der Technischen Universität, montagefähige kleingliedrige Betonfertigteile für Dachkonstruktionen zu entwickeln, bis Anfang der Siebziger ad acta.

Die Verluste einzelner wertvoller Bauten hat Autor Matthias Lerm aufgelistet. So berichtet er, dass Landesdenkmalpfleger Hans Nadler Sempers »Villa Rosa« noch mit Bleistift auf jener Liste ergänzt hatte, die die Stadtverordneten am 10. Mai 1951 für die beim Wiederaufbau zu beachtenden Denkmale beschlossen hatten. Diese sollten nicht ohne parlamentarische Zustimmung beseitigt werden dürfen. Selbst von den lediglich 41 erfassten Bauwerken mussten noch einige fallen. So erhielten die drei Villen an der Holzhofgasse im März 1952 in der Übersicht der gefährdeten Kulturdenkmale des Dezernats Bauwesen den Zusatz: »Könnten erst in zweiter Linie in Betracht gezogen werden.« 1955 riss man die »Villa Rosa« ab. Fritz Löffler kommentierte: »Die hat niemanden gestört, die hätte stehen können noch und noch.«

»An der 750-Jahr-Feier Dresdens wurden wir Schüler alle beteiligt, wir malten Bauzäune bunt und probten für den Umzug. Anfangs war das alles noch nicht so politisch. Wir Kinder brachten Freude ins Nachkriegsleben, denn die Mütter waren abgearbeitet und trauerten um die fehlenden Väter und umgekommenen Verwandten«, erzählte Elke Hofmann. Eine Stabilisierung nach den entbehrungsreichen Nachkriegsjahren brachte die Abschaffung der Lebensmittelkarten im September 1958, wenn auch Butter weiterhin per Strichliste rationiert war.

Faschingstreff am Alaunplatz
Anfang der Fünfziger.

Im Stadtplanentwurf Mart Stams von 1949 hieß es: **»Den Mittelpunkt werden die zentralen Kulturklubhäuser der Massenorganisationen, die Gesellschaftsbauten der kommenden fortschrittlichen Entwicklung des 20. Jahrhunderts, bilden.«** Also wurde der Zentrale Klub der Jugend und Sportler nach Plänen des Architekten Herbert Schneider an der Alaunstraße 1952 als erstes Projekt des Nationalen Aufbauwerks (NAW) an Stelle der zerstörten Turnhalle des Turnvereins zu Neu- und Antonstadt und unter Verwendung der Gebäudereste errichtet. Statt der zerbombten Vorderhäuser entstanden Grünflächen. 1952 eröffnete der Schriftsteller und Namenspatron Martin Andersen Nexö diesen ersten Jugendklub der DDR mit Mehrzwecksaal und Zirkelräumen.

»Den Kindertag erlebten wir als Fest, das die Lehrer für uns organisierten. Und bei den Faschingsvergnügen in der ›Scheune‹ war richtig Stimmung mit Livemusik und Kinderfasching«, schwärmte Elke Hofmann. Regelmäßig spielten im großen Saal Kapellen. Zum Tanz durften die Herren nicht ohne Krawatte erscheinen.

»Die vier Brummers« vor einem Auftritt 1955 – das beliebte Dresdner Männerquartett probte von 1950 bis 1977 an der Holzhofgasse 9.

Der Platz der Einheit/Ecke Alaunstraße mit dem Spätverkauf »Holfix« und einer »Tombola«, im Vordergrund der motorisierte Abschnittsbevollmächtigte (ABV).

Waren es in den Nachkriegsjahren noch Ausstellungen mit Titeln wie »Aus alt mach neu«, so präsentierten sich seit den Fünfzigern Modenschauen in der Nordhalle oberhalb des Alaunplatzes. Aber auch Blumen- oder Geflügelausstellungen und Konferenzen belebten das ehemalige Arsenal. In der Großgaststätte spielte das Dresdner Tanzorchester. Von 1951 bis 1965 war hier außerdem das Dresdner Stadtmuseum untergebracht.

Zwischen Mauerschock und Prag – die Sechziger

»Bis 1961 verließen viele der Anwohner die DDR. Pfarrer, Ärzte und Familien zogen weg. Der geringe Standard der Wohnqualität zog nun auch Nachmieter an, die in unsere gewachsene Hausgemeinschaft nicht hineinpassten. Mit der Zeit zerstreute sie sich. Von den neuen Mietern hielten sich einige nicht an die Hausordnung.« Wo Essenreste in den Aschegruben der Höfe landeten, zog das die Ratten an. Das Viertel geriet zunehmend in Verruf. »Ich war Lehrerin und sagte mir: Um Gottes Willen, nur weg hier!« So beschrieb Elke Hofmann die Sechziger nach dem Mauerschock.

Während man in anderen Stadtteilen die durchaus begehrten Plattensiedlungen aus dem schlammigen Boden stampfte, bot sich in der Äußeren Neustadt ein Bild der Stagnation. Allein das neue Hauptpostamt Dresden 6 an der Otto-Buchwitz-Straße eröffnete 1964, errichtet in Stahlbetonskelett-Bauweise. Da diese Straße eine sozialistische Einkaufsmeile werden sollte, störten Privatgeschäfte das Bild. Erst nach langem Kampf mit den Behörden durfte beispielsweise der Fahrradladen Ernst Flade – 1929 als Auto-Fahrschule an der

Kneipenleben

»In den fünfziger und sechziger Jahren zogen wir oft in die Neustädter Kneipen, um etwas zu erleben. Das ›Goldene Hufeisen‹, genannt ›Happeldiele‹, an der Alaunstraße war damals im Besitz der Rennstallbetreiber-Familie Strobel. Hier konnte man sehr preiswert speisen, zum Beispiel kostete eine Riesenbulette 40 Pfennige oder Roulade vom Pferd mit Beilage 1,60 Mark. In der ›Konzertklause‹, ebenfalls an der Alaunstraße, spielten täglich ein bis drei Musiker. Bestellte man einen Titel gegen eine Runde Bier, wurde der edle Spender mit großem Tamtam ausgerufen. Der ›Hackepeter‹ am Bischofsweg war eine typische Frühstückskneipe. Es gab frische Semmeln mit frischem Hackepeter und Brühe mit Ei, das Gedeck für 1,60 Mark. In der ›Papageienschänke‹, Kamenzer Straße, war zwei bis drei Mal in der Woche Remmidemmi. Es musizierten im Wechsel Frau und Herr Schulze am Akkordeon oder Klavier. Die Gäste durften im Takt dazu mit Löffeln klappern oder kräftig mitsingen. Auf jeden Fall hatten wir immer viel Spaß«, erinnerte sich ein ehemaliger »Szenegänger«.

»**Schön waren die Kinderfeste in der Louisenstraße 60. Herr Schreier, ein Witwer, hat Kaspertheater gespielt**«, erinnerte sich Barbara Müller. Und von ihrem Hof an der Alaunstraße erzählte sie: »Wir Kinder haben uns eine Schneebude gebaut und mit der Kerze vereist. Jeder brachte Schnitten mit runter, die wir im Iglu aßen. Wir haben alles geteilt.«

Ein Modell des Stadtbauamtes aus den Mittsechzigern
ging radikal über gewachsene Straßenzüge und Grundstücksgrenzen hinweg. »Unser Grundstück Antonstraße 1/Albertplatz 15 wurde uns noch 1988 wegen angeblich sehr wichtiger Verkehrsbauten gegen eine geringfügige Entschädigung abgenötigt«, berichtet Lothar Naake, ehemaliger Besitzer der Villa und Urenkel der Augustins. »Seit den Sechzigern drangsalierte uns die Stadt immer wieder wegen der ›visionären Verkehrsbauten‹ mit massiven Eingriffen.« Weil die Übernahme in Volkseigentum 1987 unabwendbar schien, schrieb er an den für Literatur zuständigen stellvertretenden Kulturminister und schlug vor, ein Museum für Erich Kästner einzurichten.

Hotel und Gaststätte »Stadt Rendsburg« hatten sich zu einer Künstleradresse gemausert. Oft lugten Neustädter Kinder zur Autogrammjagd herein, denn hier logierten DDR-Stars wie Bärbel Wachholz, Chris Doerk und Frank Schöbel oder Eberhard Cohrs. Barbara Thalheim schrieb noch in den Neunzigern ins Gästebuch: »Ich bin seit drei Wochen auf Tournee und fühle mich zum ersten Mal wohl, weil ich in meinen Bedürfnissen ernst genommen werde.«

Löwenstraße 10 gegründet – 1967 von der Rothenburger Straße hierher ziehen.

Den Zeitgeist bestimmten die »Abrechnung mit skeptizistischen Tendenzen« und massive Maßregelungen von Künstlern. Innere Emigration, Listigkeit und die Übung, zwischen den Zeilen zu schreiben und zu lesen, nahmen ihren Anfang. Man fand sich privat zusammen in kleinen Zirkeln und Freundeskreisen, um die Situation zu reflektieren und nach Nischen zu suchen. »Man wusste genau, wo man was sagte«, meinte Autor Manfred Streubel. Als Frank Beyers »Spur der Steine« in die Kinos kam, »war er auch in Dresden nur ganz kurz im staatlichen Verleihprogramm – in der Schauburg wurde der Film vor Beginn der restlos ausverkauften Abendvorstellung hastig aus der Vorführmaschine genommen, stattdessen ein anspruchsloser Westfilm gezeigt. Der Bezirksfilmdirektion aber entstand durch die Rücknahme eine Einbuße von 25 000 Mark«, berichtete Autor Karl Knietzsch.

Die Gaststätte »Goldenes Hufeisen«, genannt Happeldiele, an der Alaunstraße 83
Das Alltagsleben, »wie es eben wirklich war«, spielte sich in der Stampe um die Ecke ab. »Im Huf gab es preiswertes Mittagessen, da fanden sich Studenten, Alkis, Arbeiter zusammen. Allein das Mobiliar hat Geschichten erzählt«, erinnerte sich Holger Goehler.

Primat des Verkehrs

Der Abriss des Wasserpalais an der Holzhofgasse 12 erfolgte noch 1965. Zu jener Zeit sahen Modelle im Stadtbauamt vor, zwischen Bahnhof Neustadt und Platz der Einheit Gebäudezeilen im Stile der Prager Straße anzulegen. Dreißiggeschosser sollten somit einen der ersten Rundplätze Europas überragen. Der bereits im Vorjahr angestrebte Flächenabriss sollte Raum für Verkehrsachsen und zentrale Einrichtungen schaffen. Ein Bebauungsentwurf von 1965 wollte den zentralen Platz gar völlig dem Verkehr opfern. Eine vierspurige Hochstraße sollte als Stadtmagistrale entlang des Bahndammes und zur Bautzner Straße führen. »Diese Unterwerfung aller anderen Stadtentwicklungsziele unter das Primat des Verkehrs war typisch für die Stadtplanung der sechziger Jahre«, urteilte Matthias Lerm. Sie wurde nie ganz überwunden; in abgewandelter Form gelangten ähnliche Prioritäten in den Neunzigern erneut aufs Tapet.

Im Jahr der gewaltsamen Beendigung des Prager Frühlings begannen erstmals komplexe Modernisierungen im Viertel, allerdings begrenzt auf einige Häuser an der Jordanstraße zwischen Alaun- und Förstereistraße. Sie hatten zunächst eher Modellcharakter für Dresden und galten als Versuchsobjekte unter wissenschaftlicher Planung und Leitung der TU, um Erfahrungen für eine künftige Umgestaltung der Altbaugebiete zu sammeln. Nach dem VIII. Parteitag von 1971 mit der Zielvorgabe, bis 1990 etwa drei Millionen Wohnungen zu bauen, gab man das Rekonstruktionsprogramm nach drei Jahren auf.

Die Molkerei Gebrüder Pfunds GmbH war 1960 zunächst halbstaatlich geworden. 1968 musste sie die noch betriebenen Milchläden aus Rentabilitätsgründen an die Handelsorganisation (HO) abgeben, so auch das Hauptgeschäft an der Bautzner Straße 79. Um eine »zeitgemäße« Selbstbedienungsfiliale entstehen zu lassen, sollten sämtliche Fliesen und Einbauten entfernt werden. Johanne Pfund wandte sich Hilfe suchend an die Denkmalpflege. Gemeinsam mit Hans Nadler gelang es, das Vorhaben abzuwenden und die Ausstattung unter Denkmalschutz zu stellen. 1972 aber ging auch dieses Unternehmen in Volkseigentum über. 1978 zog der VEB Geflügelwirtschaft ein und ließ die Molkereigebäude im Hofgelände abreißen.

Dank ihrer guten Vorkriegsbeziehungen zur Besatzungsmacht blieb der Heinsius von Mayenburg Verwaltungsgesellschaft die Enteignung erspart. Nachdem der Hauptsitz 1950 nach Frankfurt am Main verlegt worden war, ließ die Stadt die Leo-Werke Dresden jedoch aus dem Handelsregister löschen. Sie wurden als VEB Chlorodont-Leo mit dem ehemaligen Konkurrenten Lingnerwerke an der Katharinenstraße zusammengeführt. Ein Betriebskindergarten (rechts) gehörte wie in vielen Großbetrieben selbstverständlich dazu. Mit dem Anschluss der Max-Elb-KG 1957 avancierte der VEB Elbe-Chemie zum führenden Hersteller mundhygienischer Erzeugnisse in der Republik.

Oasen in den Ruinen – die Siebziger

»Mit dem Machtwechsel von Ulbricht zu Honecker 1971 verband sich zunächst Hoffnung auf einen Paradigmenwechsel. Weite und Vielfalt waren die Schlagworte, aus denen später Enge und Einfalt wurden«, kennzeichnete Autor Markus Krebs die Siebziger. Architekt Wolfgang Hänsch ergänzte: »Das staatlich verordnete Diktat der totalen Vorfertigungsstrategie blieb nicht ohne empfindliche Nebenwirkungen. Tausende von Altbauten wurden bewusst ihrem Schicksal überlassen. Damals kursierte das Motto: Ruinen schaffen ohne Waffen.«

Nach dem »Leuchtturmprinzip«, wie es heute heißt, mussten auch die DDR-Entscheider angesichts der begrenzten Mittel Prioritäten setzen. Für die 16. Arbeiterfestspiele, die im Juni 1976 in Dresden und Görlitz stattfanden, erfuhr der Rosengarten eine zeittypische Umgestaltung. Aus dem Fahrkartenhäuschen der Sächsischen Dampfschiffahrt entstand das Café. Die Bronzeplastik »Mädchen mit Gazelle« von Georg Wrba und die Sandsteinfigur »Große Knieende« von Otto Rost bildeten nun neue Blickfänge.

Trotz des permanenten Mangels an Arbeitskräften flossen Investitionen ins Bildungssystem. An Stelle der »Villa Rosa« entstand 1972 der Neubau für die 4. POS, die seit 1945 als 4. Grundschule in der Glacisstraße 30 untergebracht war. Benannt wurde sie nach Karl Stein, dem erwähnten Leiter der illegalen Betriebszelle in der Lampenfabrik Görlitzer Straße 16, einem späteren Betriebsteil des VEB Elektroschaltgeräte. Seit 1992 trägt die Grundschule den Namen »Am Rosengarten«. 1975 eröffnete an der Hohnsteiner Straße die 103. POS »Konrad Hahnewald«. Ihr Namensgeber, Herbergsleiter in Hohnstein, hatte viele Jahre im Konzentrationslager verbüßt, weil er sich gewei-

gert hatte, die Hakenkreuzfahne zu hissen. Seit 1994 ist die Grundschule als »Unterm Regenbogen« bekannt. Namensgebungen mit politischer Erziehungsfunktion sind für die DDR-Zeit gerade an Schulen nachweisbar. So trug die 7. POS ab 1960 den Namen des hingerichteten SPD-Genossen Alfred Althus. Die 22. POS in der Louisenstraße hieß Dr. Richard Sorge, nach dem deutschen Journalisten und sowjetischen Kundschafter in Japan; in dieser Schule wurde bereits ab der dritten Klasse Russisch unterrichtet.

Ein Viertel zum Anfassen

»Hier kannte man noch die Postfrau beim Vornamen und der ABVer grüßte ohne Sicherheitsblick aus dem Augenwinkel. Hier spielten die Kinder in den veraschten Hinterhöfen, flitzten auf die Elbwiesen und kamen herrlich verschlammt zurück. Keifte jemand aus seinem Fenster, so hörten aus den Nachbarhäusern alle mit. Die Schulen waren keine furchterregenden Betonklötze. Ein Stadtviertel zum Anfassen. Manchmal krachten nachts Dachsteine aufs Pflaster, auf den Hauptstraßen schlugen sich Autos die Achsen kaputt«, schrieb Journalist Bernhard Theilmann über seine Ankunft in der Äußeren Neustadt 1974.

Beschaulich hat Barbara Müller »Hebeda« in Erinnerung: »Dahin ging man, weil die Bratkartoffeln, die Sülze, das Schnitzel einfach gut schmeckten oder wenn man einsam war. Es wurde auch mal angeschrieben. Die älteren Herren trafen sich zum Billard. Auch eine Weiberrunde gab es.«

In dem seit 1936 als Klavierbauwerkstatt genutzten Ballsaal »Orpheum« an der Kamenzer Straße 19 fertigten Werner und Gerhard Thierbach zunächst Möbel und ab Mitte der Fünfziger bis 1974 wieder Tasteninstrumente. Bis zum Auszug 1996 bewahrte der Reparaturbetrieb notdürftig das genutzte Gebäude vor dem Verfall.

Zum Schwof und in die Disko

»Im ›Alaungarten‹ war es mittags brechend voll. Die Bratwurst mit Sauerkraut und Kartoffelbrei kostete 1,95, das 0,25er Bier 51 Pfennig. Nachmittags kamen die einsamen Rentner, nach 16 Uhr die Frühschichtarbeiter und ab 19 Uhr die Familien und die Pärchen«, charakterisierte Barbara Müller das Milieu in den Kneipen. »Am Wochenende ging es zum Tanz in den ›Lindengarten‹ – drei Säle, drei Kapellen, drei Möglichkeiten.«

Ab 1968 hatte die DDR, unter anderem über staatliche Anwerbeabkommen mit damals sozialistischen Ländern, zur Lösung des Arbeitskräfte-Mangels Ausländer ins Land geholt. Autor Holger Starke bestätigt dies für die Siebziger: »Die latenten Spannungen zwischen den Kulturen entluden sich manchmal gewaltsam. Gefürchtet waren die Saalschlachten mit Algeriern in der Liga an der Königsbrücker Straße.«

Zu Beginn der 70er Jahre verfolgte die DDR eine moderate Kulturpolitik, unter der sich ein Alternativmilieu in der DDR herausbilden konnte. Die Kulturhäuser orientierten sich mehr an den Bedürfnissen der Jugendlichen; Infrastrukturen für eine aufkeimende »Kulturopposition« deuteten sich an. Bis 1975 spielten im Zentralen Klub der Jugend und Sportler »Martin Andersen Nexö« regelmäßig Live-Kapellen zum Tanz. Bald legten die ersten Diskotheker ihre Tonbänder auf. Ob sie sich dabei stets an die Mischungsvorgabe 60:40 für sozialistische versus westliche Bands hielten, darf bezweifelt werden. Man trug Schlaghosen, Jeans, Parka und Römerlatschen – als Erkennungszeichen für die passive Verweigerung gegen den disziplinierenden und entmündigenden Erziehungsanspruch von Vater Staat und Mutter Partei.

Rebellen im lauwarmen Nest

Andererseits: In gesicherter Existenz ließ es sich gut rebellieren. Ein warmes Essen bekam man im 1973 gegründeten Klub der Volkssolidarität »Johannes Hausdorf« an der Rothenburger/Ecke Louisenstraße für 70 Pfennig. Die subventionierte Schulspeisung kostete 55 Pfennig.

Es hatte sich eine Mentalität der Geborgenheit und trotz aller Borniertheit ein aufgeklärter Umgang mit Sexualität, eine unbefangene Freude an FKK entwickelt. Ein später als Subkultur bezeichneter Lebensstil drückte die Lust am Kontrapunkt im Einheitsgrau aus. »Im Abebben waren die Kulturkampagnen. Dafür kam Gutes, Gewagtes, Freches auf die Bretter... Zur Szene gehörten ebenso die vielen Ausstellungseröffnungen sowie die dort hörbaren aufmüpfigen Reden nicht DDR-konformer Männer«, erinnerte sich Autor Matthias Griebel. Im »Kleinen Haus« starteten ambitionierte Multimediaversuche; die IG Jazz organisierte unter anderem in der »Schauburg« Vorträge von Karlheinz Drechsel und Konzerte.

Nuancen im Grau
Die Achtziger

An der Böhmischen Straße 35 führte Dieter Mende über drei Jahrzehnte eine Reparaturwerkstatt für Rechen- und Schreibmaschinen. Seinen erfolglosen Kampf mit den Behörden um Erhaltung des baufälligen Hauses dokumentierte er in einem dicken Ordner. Hartnäckig hatte er Eingaben an sämtliche Instanzen in Verwaltung und Partei geschrieben, die jedoch regelmäßig versandeten. Nachdem im Juni 1987 die gesamte Dachrinne samt Sims auf der Hofseite abgebrochen und ihm eines Tages fast die Decke auf den Kopf gefallen war, malte er ein Schild: »Werte Kundschaft, Ihr Handwerksbetrieb arbeitet noch für Sie in diesen Trümmern!« Der Dorn im Auge der Zuständigen wurde zwar bald entfernt, der verzweifelte Schalk aber sicherte sein nächstes Schild mit einem Eisenrahmen, so dass es die Wende überdauerte.

»Dresden war in den 80ern eine graue Stadt. Grau ist ungeheuer reich an Nuancen, aber natürlich nicht jedermanns Sache. Überwiegt der Verfall die Würde des Alterns und in der Patina der Schmutz, dann wirkt Grau deprimierend«, konstatierte Autor Gregor Kunz.

In den frühen Achtzigern diskutierten Freundes- und christliche Kreise viel über Umweltzerstörung und Aufrüstung. Wie überall standen daher Wohnungstreffs oder die Gemeindearbeit in der Äußeren Neustadt unter Stasi-Observierung. Misstrauisch beargwöhnte der Spitzeldienst besonders die Jugendarbeit in der erwähnten »Gotteshütte«. 1987 erfolgte auf Modrows Anweisung der Abriss des Notbehelfs. »Die Baracke war tatsächlich schon sehr schäbig zu jener Zeit«, räumte Pfarrer Schäfer ein. Die geplante Zubringerstraße vom Oberen Kreuzweg zum Platz der Einheit wurde allerdings nie verwirklicht. Stattdessen eröffnete zwei Jahre später ein Kindergarten.

Generell füllte die Gemeindearbeit, so auch am Martin-Luther-Platz, Lücken im Beratungsbedarf zu Wehrdienstverweigerung, Homosexualität oder Stasianwerbung. In der Öffentlichkeit setzte außerdem eine zaghafte Rückbesinnung auf das humanistische Erbe ein. Das in den 70ern im Stadtteil entstandene Milieu bot für die Künstlerszene attraktive Freiräume. So organisierten Anwohner 1983 in Eigeninitiative ein Kinderfest an der Sebnitzer/Ecke Alaunstraße. Für den zweiten Anlauf versagten die argwöhnischen Behörden die Genehmigung.

Untersuchungen, Pläne, Experimente

Zu Beginn der Achtziger untersuchte die Sektion Architektur der TU Dresden die bauliche Situation in der Äußeren Neustadt und erfasste 1130 unbewohnte Wohnungen, die auf Grund ihres Zustandes gesperrt oder schwer vermietbar waren. Bei drei Vierteln der Häuser stellte die Studie Schäden an Dach oder Dachentwässerung fest. Die daraufhin entwickelten Pläne zur Umgestaltung des Stadtteils gingen in die städtebauliche Leitplanung zur Rekonstruktion der Äußeren Neustadt von 1983 ein, wofür der Stadtverwaltung allerdings die Mittel fehlten.

Sie änderte die Entwürfe zwei Jahre später und begnügte sich damit, den Martin-Luther-Platz zum Rekonstruktionsgebiet Nummer eins zu erklären. So entstanden dort bis 1986 drei Versuchsbauten in verschiedenen Bautechnologien, um die ökonomisch günstigste Variante für Blockrandbebauungen zu finden.

In der Vorweihnachtszeit bildeten sich lange Warteschlangen nach Apfelsinen wie hier vor dem Geschäft an der Rothenburger Straße 44.

Sprengungen an der Bautzner Straße 57–61 (derzeit als Parkplatz genutzte Brache) im Jahr 1989 – in dem Haus Nummer 57 befand sich die »Moccaperle«.

An Bürgerbeteiligung war noch nicht zu denken: Die Städtebauliche Leitplanung zur Rekonstruktion der Äußeren Neustadt von 1983 trug vorsichtshalber den Stempel »Nur für den Dienstgebrauch«.

Im Ansatz steckengeblieben

Gabriele Bernardt verfasste 1987 ihre Doktorarbeit über das Viertel und stellte fest, dass die baulichen Anstrengungen höchstens punktuell Wirkung entfalten konnten. Bestenfalls könne die Selbsthilfe angeregt werden, um das übrige Gebiet vor dem Ruin zu bewahren.

Es blieb dennoch beim Stückwerk. Alljährlich wurde offiziell Bilanz gezogen und Mut gemacht. So konnte beispielsweise das Programm »Dächer dicht« im Herbst 1986 auf gerade mal zwei in Angriff genommene Häuser an der Prießnitzstraße verweisen; die Bauarbeiten sollten sich noch Jahre hinziehen. Stolz war man auf die Rekonstruktion der Konsumverkaufsstelle für Waren des täglichen Bedarfs an der Sebnitzer Straße 26. Der für 1987 versprochene Kindergarten an der Hohnsteiner Straße 6 stand zur Kommunalwahl zwei Jahre später noch immer auf dem Plan.

Als Ziel verfolgte man 1986 auch die Aufwertung von Fassaden und Erdgeschossen sowie die Instandsetzung von 21 Wohnhäusern an der Bautzner Straße. 79 Wohnungen an der Tieckstraße sollten rekonstruiert und sieben modernisiert werden. Tatsächlich eröffneten Ende der 80er die umgebaute Kaufhalle Alaunstraße 8 und das Mach-mit-Zentrum an der Ecke Kamenzer/Sebnitzer Straße, eine Werkzeugausleihe für die unumgängliche Selbsthilfe.

Studenten, junge Akademiker und Künstler besetzten die Nischen und pflegten einen unkonventionellen Lebensstil.

Böhmische Straße 34 (heute »Raskolnikow«)

Hinterhof an der Prießnitzstraße

In einer Wohnung am Martin-Luther-Platz 14

Abriss anvisiert

Es kam, wie es kommen musste – man holte schließlich die radikalen Abrisspläne aus der Schublade: Etwa die Hälfte der vorhandenen Wohnungen im Viertel sollten aufgegeben und durch WBS-70-Plattenbauten und Grünflächen ersetzt werden. Dies betraf beispielsweise die Ostseite der Prießnitzstraße und das Geviert Kamenzer/Sebnitzer/Prießnitz-/Schönfelder Straße.

Die Ergebnisse der soziologischen Studie der TU von 1982 interessierten nicht mehr, obwohl damals 45 Prozent der befragten Bewohner ihren Stadtteil der Formenarmut von Neubaugebieten vorgezogen hatten. Einerseits waren die Neustädter froh über gewachsene nachbarschaftliche Bindungen, war doch unter dem Eindruck der umgebenden architektonischen Vielfalt eine Atmosphäre freundlicher Toleranz möglich. Andererseits empfanden sie das offizielle Desinteresse und den verfallsbedingten sozialen Niedergang im Quartier als deprimierend.

Erstes Szenecafé

In dem Neubau am Martin-Luther-Platz eröffnete der Klub der Werktätigen »Club für Dich«. Das Vorzeigeobjekt verfügte über zentrale Ofenheizung, war besser ausgestattet und erhielt mehr Gelder als andere Klubs. Hier spielte das »Zwinger-Trio«, traten Berliner Künstler wie Arnd Bause, Dieter Mann oder Inge Keller auf, standen Lesungen, Konzerte, Vorträge über Bildende Kunst sowie Filme auf dem Programm.

In der »Scheune« hingegen tobten Punk-Konzerte. Sie entwickelte sich in den Achtzigern unter ihrem Leiter Gunter Neustadt zum Mittelpunkt der Neustädter Jugendszene mit einem weit über den Stadtteil hinaus reichenden Einzugsgebiet. Während zahlreiche Oppositionelle sich unter dem Schutz der Kirche zusammenfanden, »wollten wir noch die Welt verändern«, sagte die damalige »Scheune«-Angestellte Angela Stuhrberg. »Wir hielten uns für glühend links, dachten ungewöhnlich, waren blauäugig und loteten Grenzen aus, worauf die zuständigen Organe oft fassungslos reagierten.« Kontakte und Netzwerke knüpften sich, die sich in der Nach-Wende-Zeit im urbanen Widerstand gegen die Vertreibung und den Verlust von Freiräumen bewähren sollten.

»In der ›Scheune‹ gab es das Café Z, da traf sich alles. Hier wurden Freundschaften gepflegt, politische Aktionen und kulturelle Partys geplant«, erinnerte sich Anne D. »Im Grunde handelte es sich bei dem seit 1988 ehrenamtlich einmal wöchentlich betriebenen Café um die erste Szenekneipe Dresdens«, konstatierte Uwe Stuhrberg, ehemals Leiter der »Scheune-Brigade«. »Schon nach drei Wochen hatte sich der ungewöhnliche Treff so weit herumgesprochen, dass die Besucher das gesamte Erdgeschoss füllten.«

Auf eigene Faust

Immer größere Lücken riss die ansteigende Ausreisewelle. »In dieser Zeit bekam ich von Freunden einfach den Schlüssel und wohnte dann ein halbes Jahr an der Otto-Buchwitz-Straße, ohne Miete zu zahlen«, blickte Holger Goehler zurück. Und Günter Starke bekannte: »Ich hatte die Wohnung 1980 besenrein vorgefunden und bin schließlich mit dem Dietrich hinein. Nachdem ich sieben Jahre lang die Miete auf ein Sperrkonto gezahlt hatte, bekam ich einen Um- und Ausbauvertrag.«

30 000 Wohnungssuchende waren in der Stadt registriert. Die Chancen auf eine Zuweisung von der kommunalen Wohnungsverwaltung (KWV) erhöhten sich, wenn man Eheurkunde und Kinder vorzeigen oder aber Wohnraum nachweisen konnte, der über längere Zeit leer stand. Wem eine fernbeheizte Plattenbauwohnung als Erfüllung der Sehnsüchte dennoch zu fad erschien, dem »blieb nur, die eigenen vier Wände selbst in die Hand nehmen«, meinte Holger Goehler. »Mit Hilfe von Verwandten und Freunden machten wir alles selbst: mauern, Kanäle hacken und verputzen, Fliesen und Fußböden neu verlegen.«

Viele der solcherart eroberten Behausungen hatte die Baupolizei zuvor gesperrt, oder sie galten als gesundheitlich bedenklich. »Heutzutage würdest du sagen, das ist eigentlich keine Wohnung mehr. Wir hatten eine, da war der Schwamm von oben bis unten drin, kaputte Fenster, aber es war eben unsere«, erklärte auch Dörte S. die fast fatalistische Herangehensweise.

Eine eigene grafische Handschrift trugen die Plakate von Scheune-Grafiker Michael »Spacke« Kremer, die in der zweiten Hälfte der Achtziger von den Litfaßsäulen prangten.

Alternative Hoffestspiele 1982 an der Böhmischen Straße 26. Angeblich weil die ehemalige »Pfauschänke« in dem Ruf stand, bis 1945 als Nazitreff gedient zu haben, wurde sie 1989 abgerissen.

Der Maler Michael Hengst in seiner Atelierwohnung an der Bautzner Straße 51.

Die Tänzerin und Choreografin Hannelore Wandtke in ihrer Wohnung an der Pulsnitzer Straße 1.

An das Pressefest des Monatsfaltblatts »Mal reingucken« im Februar 1987 erinnerte sich der damalige Scheune-Mitarbeiter Christian Simon mit Vergnügen: »Das Fest stellten wir unter das Thema ›Safari‹. Drinnen war die Wüste – auf das von Feuchtigkeit hochgewölbte Parkett hatten wir Folie gelegt und alles mit Sand ausgestreut.« In den aufblasbaren Pool hüpften die Gäste nackt hinein. »Dazu liehen wir uns das Kamel, das ein Privatmann bei Königstein auf seiner Wiese hielt, und ließen es vor dem Haus auf dem ›Parkplatz für Kamele‹ grasen. Natürlich war das Provokation.« Sie funktionierte. Zehn Minuten später war die Polizei da, glühten die Telefondrähte. Christian Simon antwortete etwas von Auswertung in der Satirezeitschrift Eulenspiegel. »Schweigen am anderen Ende der Leitung. Es hat Spaß gemacht, mit den Betonköpfen zu spielen.«

Nischen für Alternativen

Wer fortzog, reichte Schlüssel und Kontoverbindung zwecks Mietzahlung an Freunde weiter. Solche Graumieter handelten zumeist aus dem Mangel heraus und ohne politische Botschaft – unter ihnen Studenten, junge Akademiker, Künstler, Leute, die es schwer hatten, auf offiziellem Wege eine eigene Wohnung zu erhalten. Sie schufen sich eine eigene Wohnkultur. Treffpunkte des Alternativmilieus, Nischen für Ateliers und Bandproben, unkonventionelle Lebensstile am Rande der Gesellschaft kristallisierten sich heraus.

Man peppte Möbel aus Haushaltsauflösungen auf, schlief auf einer Matratze am Boden und trug Batik-Nickys und Latzhosen. Die Türen waren bunt bemalt, Zettel und Stift hingen davor, denn Telefonanschlüsse in Altbauten waren die eher verdächtige Ausnahme. Der Schlüssel lag beim Nachbarn oder in einem Versteck. Oft stand die Tür, die gewöhnlich eine Außenklinke hatte, einfach offen. Die Mieter hielten die Häuser notdürftig warm und damit den Verfall der Bausubstanz ein wenig auf. »Dachböden und Keller waren vollgestellt. Damals wohnte man länger in einer Wohnung und hob alles auf, was zum Basteln taugen könnte. Wir haben das Klo instandgesetzt, Duschkabine und Boiler installiert. Und unter die löchrigen Dächer stellten wir Eimer. Wir haben uns selbst geholfen und fühlten uns daher fast wie Eigentümer«, sagte Anwohnerin Ines Pieper.

Aufgrund der Mangelwirtschaft rückten Alt und Jung zusammen. Man nahm sich Zeit: für spontane Besuche, für den Schwatz auf der Straße, für Hausfeste.

Die Band »Dekadance« in ihrem ersten Probenraum, einer umgebauten Erdgeschosswohnung in einem Hinterhof an der Kamenzer Straße 24–28.

Observiert

»An jenem bitterkalten Sonnabend, dem 13. Februar 1988 kam ich nach Hause und parkte vorm Haus. Neben mir saß einer im Trabbi mit Gesicht zu meinem Wohnungsfenster, schaute aber nicht zu mir rüber. Seit zwei Stunden sitze der da, begrüßten mich Micha und Yury. Na, wir kochten uns etwas und schnitten ihm am Fenster Grimassen. Er ging weg, kam zurück, saß wieder da und glotzte bis zum Abend. Ich machte mich schick und wippte ans Autofenster. Er kurbelte runter, ich steckte meinen Kopf hinein und bat ihn zum Essen. Verunsichert stotterte er: ›Danke, ich hab was dabei.‹ – ›Sicher müssen Sie nach so vielen Stunden mal zur Toilette! Auch könnten Sie vor Ort besser einschätzen, wie wir sind und leben. Wie lange müssen Sie denn noch sitzen bei der Kälte? Frau und Kinder werden doch warten?‹ – ›Das kommt darauf an.‹ – ›Worauf?‹ Schweigen. ›Ich kann nur sagen, dass wir heute zur Frauenkirche gehen und wie viele andere auch seit Jahren an diesem Gedenktag unsere Kerzen an der Ruine anzünden. Sie könnten mitkommen, man trifft sich.‹ – ›Danke, das geht nicht.‹ Als wir losgingen, saß er noch immer im Trabbi und fror. Wir winkten ihm zu – gesenkter Kopf, keine Reaktion.«

Auf die Tänzerin und Choreografin Hanne Wandtke waren sieben persönliche IMs, darunter auch ihr direkter Nachbar, angesetzt. Insgesamt 37 Spitzel beobachteten den großen Freundeskreis von Künstlern, die in der Ladenwohnung der Professorin am Martin-Luther-Platz ein- und ausgingen.

Wer nicht ins Bild passte

In dem aufgegebenen Gebiet landeten, wie schon vor der Eingemeindung im 19. Jahrhundert, der Stadt unbequeme Bevölkerungsgruppen. Wehrdienstverweigerer, von der DDR-Gesetzgebung kriminalisiert, wurden hierher abgeschoben, sagte Pfarrer Klaus Goldhahn. Die Äußere Neustadt galt laut dem damaligen Leiter des Polizeireviers Böhme als Eingliederungsviertel für »Asoziale«, so lautete die Bezeichnung für Abweichler vom Normativ der sozialistischen Persönlichkeit, für Alkoholiker und Haftentlassene, denen man Wohnung und Arbeit zuwies.

Bei Zigarren-Barth an der Martin-Luther-Straße 37 konnte man telefonieren. Seine alte Registrierkasse zeigte noch Reichsmark an, was Vertreter der Handelsorganisation (HO) einmal monierten. Die schnippische Antwort »Wenn ihr mir eine neue besorgt...« erledigte den Fall.

Arbeitsplätze und Schulen
Ende der Achtziger arbeiteten noch 240 Betriebe im Stadtteil, darunter fünf mit mehr als hundert Arbeitskräften: Pharmapack, Elbe-Chemie, Leder- und Plastverarbeitung, Geflügelwirtschaft und Pikant. Sie waren meist sanierungsbedürftig, belegten großräumig Lagerflächen in den Quartierinnenhöfen und boten 3600 Arbeitsplätze. Die vier Schulen verfügten über knapp 2000 Plätze.

Der Süßwarenladen an der Louisenstraße 38 unmittelbar neben der Schule war das reinste Kinderparadies.

Die verbliebenen Mieter »der alten Schule« versuchten, einer sich ausbreitenden Vernachlässigung seitens der Verwalter und dem Schlendrian »der heutigen Jugend« erprobte Regeln entgegenzusetzen, und pochten auf die Einhaltung der Hausordnung. So lobte Elke Hofmann: »Meine Oma passte auf, dass die Haustür 20 Uhr abgeschlossen wurde. Sie überwachte auch den Plan fürs Waschhaus oder dass die herausnehmbaren Außenfenster und die Jalousien jährlich gesäubert und repariert wurden.«

Christine und Erika Reinhold führten das Geschäft ihres Vaters, hervorgegangen aus einer Eisenwaren-Großhandlung von 1921, im Eckhaus an der Bautzner Straße 63. Der Laden der beiden versierten Schwestern galt seit seiner Eröffnung 1950 als Institution, denn: »Bei Eisen-Feustel kriegste alles«. 1999 gingen sie in Rente und übergaben den Schlüssel an einen würdigen Nachfolger im Geschäft Bautzner Straße 51.

Bürger machen mobil
Die Wende

Ein weißes Laken vor den Fenstern der Böhmischen Straße 39 – der Ruf aus der Äußeren Neustadt – erreichte 1989 die Partnerstadt Hamburg. Auf den Brief der verzweifelten Bewohner antwortete der Senat mit einem Sofortprogramm in Millionenhöhe.

Die Große Freiheit im Kleinen Haus

»Ein Land, das seine Jugend nicht halten kann, gefährdet seine Zukunft. Unsere Arbeit steckt in diesem Land, wir lassen es uns nicht kaputtmachen. Wir haben ein Recht auf Information, auf selbständiges Denken, auf Kreativität, auf Pluralismus im Denken, auf Widerspruch, darauf, neu zu denken, uns einzumischen. Wir haben die Pflicht, den Dialog zu erzwingen und gewaltlos zu führen und das Wort Sozialismus so zu definieren, daß dieser Begriff wieder ein annehmbares Lebensideal für unser Volk wird.«

aus der am 4. Oktober im »Kleinen Haus« verlesenen Resolution der Rockmusiker und Liedermacher für Demokratisierung und Medienfreiheit in der DDR vom 18. September 1989

»Die Stadt fiel schneller ein, als sie aufgebaut wurde. Sie hatte über 6000 defekte Dächer und noch zwölf Dachdecker. So wie die Städte verfielen, schwand die Hoffnung auf Änderungen. Der vormundschaftliche Staat, der Verlust an Identität und das Wissen, eingesperrt zu sein, ließen die Menschen gehen«, zog der damalige Oberbürgermeister (OB) Wolfgang Berghofer im Rückblick Bilanz.

In der Äußeren Neustadt hielten die zuständigen Ämter bereits 70 Prozent der Häuser für unbewohnbar, ein knappes Drittel der Wohnungen stand leer. »Dunkle Fensterhöhlen und mit Brettern vernagelte Vordereingänge, grünende Birken in den Mansarden, eingestürzte Dächer und Zwischendecken bestimmen das Bild ganzer Straßenzüge. Über 40 Prozent der Häuser weisen schwerste Bauschäden auf, vier Prozent sind bereits völlig aufgegeben«, konstatierte auch Architektin Gabriele Bernardt.

Mitte 1989 bekam die Bevölkerung Wind von den großflächigen Abrissplänen aus dem Büro des Stadtarchitekten, die 3970 von 8900 Wohneinheiten betrafen. Die Abrissbirne kam zunächst an der Böhmischen Straße zum Einsatz, wo die ehemalige »Pfauschänke« vor 1945 als NSDAP-Treffpunkt gedient hatte. An der Sebnitzer Straße waren die Nummern 30 bis 34 für die Sprengung vorbereitet.

Aus der persönlichen Betroffenheit heraus gründeten Bewohner die Interessengemeinschaft Äußere Neustadt (IG). Gefunden hatte sich deren Kern aus kritischen Beobachtern beim Auszählen der Kommunalwahlergebnisse vom 6. Mai 1989. Ohnmacht angesichts des offensichtlichen Wahlbetrugs, die ersten Sprengungen und der dringende Wunsch nach gesellschaftlichen Veränderungen mündeten in die Gründung der Bürgerinitiative. Ermuntert durch Gorbatschows Signale aus der Sowjetunion und getragen von der wachsenden Unzufriedenheit der Bevölkerung, riskierten die 32 Leute den zunächst aussichtslos scheinenden Widerstand. »Wir sind mit der Stadt fast gestorben, haben versucht, sie am Leben zu halten«, sagte Mitgründerin Friederike Beier.

Die IG suchte den Weg des Dialogs mit den Zuständigen. Nachdem sie sich die Beschwichtigungen des Stadtbezirksbürgermeisters angehört hatte, legte sie OB Berghofer und Stadtbaudirektor Marr einen Forderungskatalog für den Stadtteil vor.

»Hilfe, unsere Häuser fallen ein«

Mit einem Brief an die Partnerstadt Hamburg löste die IG in jenem Herbst ein enormes Echo aus. »Hilfe, unsere Häuser fallen ein!« Die Hansestadt reagierte umgehend mit einem Se-

Eine Tafel mit dem Datum 7. Oktober 1989 verweist auf die letzte Lückenbebauung unter sozialistischen Vorzeichen. »Vierzch Jahre« DDR gaben den Anlass zur Übergabe von 895 Wohnungen, »Café Kästner« und Weinstube »Laterne« am Albertplatz. Die angedeutete Mansardform zeugt von einsetzender Experimentierfreude im Plattenbau. Zwecks Baufreiheit für das qualitätvolle Ensemble auf der Nachkriegsbrache hatte man allerdings zuvor das Gebäude der Alaunstraße 6 gesprengt.

natsbeschluss, den gefährdeten Stadtteil mit drei Millionen D-Mark zu unterstützen. Die Baubehörde und einige Hamburger Baufirmen stellten das Startkapital bereit. Das Architektenbüro »Planerkollektiv« schickte noch im Dezember 1989 eine Abordnung in die Dresdner Neustadt. Sie sollte das Soforthilfeprogramm kurzfristiger Sicherungs- und Instandsetzungsmaßnahmen vor Ort begleiten. Die Architekten brachten wertvolle Erfahrungen mit, die sie unter anderem bei der Erneuerung historischer Bausubstanz an der Hamburger Hafenstraße gesammelt hatten.

An der Louisenstraße 1 bis 7/Ecke Königsbrücker Straße hatte die Stadt ihre Grundstücke an den Investor Gustav Epple vergeben. Dieser ließ im Juli 1993 für einen neuen Großkomplex sanierten Wohnraum und die zuvor unter Wasser gesetzte hundertjährige Tischlerwerkstatt Gatsch abreißen. Die Aktion war von erheblichem Protest aus der Bevölkerung und massivem Polizeieinsatz begleitet. Für Frau S., die 65 Jahre lang in der Nummer 3 gewohnt hatte, war das alles noch nach dem Umzug in eine kleinere Wohnung an der Kamenzer Straße unfassbar. Die herzkranke, mobilitätseingeschränkte Rentnerin hatte durch den Umzug den Großteil ihrer Lebensbezüge verloren: Ärztin, Bäcker, Fleischer, Straßenbahn, Friseur.

Vor dem besetzten Haus Louisenstraße 93

Ausgangssituation 1990

1984 von 7890 Wohnungen sind unbewohnt, das entspricht 30 % Leerstand.

79 % der Wohnungen haben kein Innen-WC.
80 % der Wohnungen haben defekte oder einfachverglaste Fenster.
66 % der Wohnungen haben kein Bad oder keine Dusche.
95 % der Wohnungen haben Ofenheizung.

Außerdem sind eine fehlende soziale Infrastruktur, hohe Versiegelung der Böden und reparaturbedürftige Straßen zu beklagen.

Quelle: Stadtplanungsamt

Heiße Themen in den Aufbruchmonaten nach der Wende

Das Gefühl von Freiheit

»Die DDR gab es nicht mehr, die BRD noch nicht. Das war ein Raum ohne Gesetze. Und dann knallte so plötzlich der nächste Staat auf dich drauf. Aber die Zwischenzeit war total irre«, beschrieb ein Neustädter das Jahr 1990. Weder davor noch danach genossen Einwohner und Besucher des Viertels dieses Gefühl umfassender Freiheit. Allerorten schob man Projekte an, gründeten sich Initiativen. »Das Fehlen jeder Obrigkeit wurde in vollen Zügen ausgekostet«, schreibt Diplomandin Mirjam Jauslin.

Die politische Wende und fehlende Entsorgungsmöglichkeiten hatten der geplanten Flächenzerstörung ohnehin den Wind aus den Segeln genommen. Der erkämpfte Abrissstopp und das Engagement für eine behutsame Stadterneuerung in der Folgezeit sind eng mit dem Wirken der IG Äußere Neustadt verbunden. Die Bürgerinitiative leistete eine fundierte Mieterberatung und genoss das Vertrauen der Bevölkerung, das sich durch Unterschriftensammlungen, Umfragen und Postkarten-Aktionen

festigte. Eine Sozialstudie bestätigte 1990 eine starke Identifikation der Einwohnerschaft mit dem Stadtteil und ein hohes Maß an Eigeninitiative. Rund 200 Schwarzmieter konnten auf Vermittlung der IG bei der Stadtverwaltung legalisiert werden.

Am 15. März erklärte der CDU-dominierte Stadtrat, dem auch Neustädter Bürger wie Rolf Hofmann, Friedrich Boltz oder Wolfhard Pröhl angehörten, die Äußere Neustadt zum Sanierungs- und Milieuschutzgebiet. Um die Folgen der Sanierung für die Bewohner sozial verträglicher zu gestalten, nahm eine Sanierungskommission ihre Arbeit auf. Aus dem Runden Tisch vom November 1989 heraus entstanden, fungierte sie als beratendes Gremium der Stadtverordnetenversammlung und setzte sich aus Geschäftsführer, Stadtverordneten sowie Vertretern der IG und der Stadtverwaltung zusammen. Bald nahm die Kommission auch Interessenvereinigungen der Gewerbetreibenden, der Kulturschaffenden, der Eigentümer, der Mieter und der Wohnprojekte auf und stand zugleich den Bürgern als Forum offen.

Im September 1990 begannen die vorbereitenden Untersuchungen gemäß Baugesetz. Neun Architekturbüros lieferten Entwürfe für einzelne Gevierte. »Da tauchten Ideen auf wie, einen Teich an Stelle der Feuerwache anzulegen. Alle Planer wollten entkernen. Heute weiß man, dass große Flächen schwer zu bewirtschaften sind und die Leute private Rückzugsmöglichkeiten wünschen«, blickte Thomas Pieper vom Stadtplanungsamt zurück.

Dank einer umfassenden Modernisierung in den Achtzigern war der VEB Elbe-Chemie mit 500 Mitarbeitern 1989 zum leistungsstärksten Produzenten von Zahnpasta und Mundpflegemitteln in der DDR avanciert.
»Der Erweiterungsbau war noch zu DDR-Zeiten durchgegangen, um den Betrieb zu halten. Heute wäre so etwas nicht mehr genehmigungsfähig«, sagte Thomas Pieper. Im Februar 1990 organisierte die IG eine symbolische Besetzung der NCC-Baustelle. Die Anwohnerproteste mit Plakaten wie »Zeigt den Zahnpasta-Bossen die Zähne!« galten der Grundstücksspekulation und Ignoranz gegenüber Bürgerinteressen. Unter der Bezeichnung »Dental-Kosmetik GmbH« hat der Putzi-Hersteller, einziger Zahnpastaproduzent im deutschen Osten, hier seine Produktionsstätten.

Lothar Heidemann, Jahrgang 1955, fuhr als Letzter die Braunkohle noch mit dem Handkarren aus.
»Die Arbeit wollte keiner machen. Einen Sack einzulöffeln, machte drei Pfennige, 43 Sack pro Stunde waren die Norm, aber ich knall' Ihnen heute noch 70 voll. 35 Pfennig gab es fürs Ausfahren, zwei Mark für die Stunde. Meist hatte ich 15 Zentner auf dem Wagen.« Kohlen-Lothar versuchte 1990, in Köln Fuß zu fassen. Bereits ein Jahr später kehrte er jedoch in die Neustadt zurück.

Anfang Juni 1992 stand ein Bauwagen auf dem ungenutzten Platz hinter der 15. Grund- und Mittelschule an der Görlitzer Straße. »Spielen in der Stadt« hieß die Aktion, Jens Kalanke war der Stadtindianer.
Der Jugendamtsangestellte blieb, wohnte in einer Bude, später im Tipi und winters überm Pferdestall. Die 6- bis 16-jährigen Besucher zimmerten Hütten, bastelten mit Draht, Stoff, Ton und kümmerten sich um die Tiere. Was mit einem Pferd begann, weitete sich mit den Jahren auf 17 aus. Hinzu kamen Ziegen, Schafe, Kühe, Hängebauchschweine, Kaninchen, Meerschweinchen, Huskys, Hühner, Fische. Der Abenteuerspielplatz gab sich den Namen Kinderrepublik »Panama« nach der Janosch-Geschichte »Oh, wie schön ist Panama«.

In zwei Häusern an der Böhmischen Straße hatte der bildende Künstler Simon Schade sein Atelier.
»In der Bausubstanz steckt noch viel Wohngefühl und sie ist strukturiert. Das ist ein sehr wohltuender Existenzraum.«

Stadtteilbegehung mit dem damaligen Oberbürgermeister Herbert Wagner im Frühjahr 1994, hier vor den Häuserresten Böhmische Straße 33/35.

Bewahrend erneuern

Aufgrund des geringen Ausstattungsgrades und Komforts siedelten sich verstärkt auch junge Leute ohne Kinder, mit geringen Einkommen, aber höherem Bildungsgrad an. »Ich hab keine Dusche, keinen Kühlschrank, keine Waschmaschine. Aber die Wertmaßstäbe, die Menschen, die Atmosphäre in der Neustadt machen, dass ich mich hier wohl fühle«, beschreibt eine damals 27-Jährige ihr Lebensgefühl. Neben Studenten und Lehrlingen zog es Lebenskünstler, Aussteiger und Bohemians in das Viertel. Ihr kreatives Potenzial und die praktizierten Lebensstile entwickelten eine eigene Infrastruktur und machten das auf diese Weise erschlossene Gebiet für nachfolgende, weniger risikofreudige Sozialgruppen interessant.

Durch den Grundsatz »Rückgabe vor Entschädigung« im Einigungsvertrag begannen oft langwierige Rückübertragungsprozesse, die 78 Prozent der Grundstücke betrafen. Im Oktober 1991 wurden die Grundmieten und Betriebskosten drastisch erhöht. Diese Tatsache und der immer enger werdende Arbeitsmarkt schürten begründete Ängste. Damit einher ging eine fortschreitende Entsolidarisierung, ein Abflauen des Ehrenamts und ein Rückzug ins Private. Das gerade erst aufgeflammte bürgerschaftliche Engagement verebbte zusehends. Vielleicht auch, weil trotz des offensichtlichen Verfalls die bürokratischen Mühlen recht langsam mahlten. Erst im November 1991 wurde die im Juni beschlossene förmliche Festlegung der Äußeren Neustadt zum Sanierungsgebiet rechtskräftig.

Das Sitzportal vor der Prießnitzstraße 18 macht es deutlich: Das Stadtteilhaus ist ein kommunikativer Ort im kulturellen Leben des Viertels.
Seit 1997 hatten hier der BUND und Stadtteil-Initiativen (Sanierungskommission bis 2000 und IG Äußere Neustadt bis 2006) ihren Sitz. Heute sind neben Vereinen wie dem Gerede e.V., einer Food-Coop, Seminar- und Mieträumen vielfältige Beratungsangebote zu finden. In den Kellerräumen, der jetzigen Kneipe, befand sich früher ein Wannenbad; das Wasser kam aus einem eigenen Brunnen. Das Stadtteilhaus bietet zudem einen offiziellen Zugang zum saubersten Bach Dresdens, der Prießnitz.

Als 1950 das Germania- beziehungsweise Volksbad instandgesetzt wurde, galten beide ehemaligen Namen als suspekt, also taufte man es Nordbad. Durch Bade-, Trainings- und Unterrichtsbetrieb war es über Jahrzehnte hinweg stark beansprucht, zumal es seit 1945 in Dresden an Schwimmhallen mangelte. 1974 hing schließlich das Schild »Aus technischen Gründen geschlossen« an der Tür. Das letzte Wannenbad wurde im Herbst 1982 verabreicht.

Jahre des ungehinderten Verfalls folgten. 1992 richtete die IG Äußere Neustadt mit ABM-Kräften das Reinigungsbad neu ein: mit zwei Duschen und zwei Wannen, die monatlich knapp 3000 Besucher nutzten. Die vehementen Forderungen nach einem Wiederaufbau des denkmalgeschützten Bassins führten zum Erfolg: Im Dezember 1996 eröffnete das Schwimmbad erneut, das aus Mitteln von EU, Bund, Land und Kommune saniert worden war.

Kein Stadtteil wie jeder andere

»Die Äußere Neustadt ist kein Stadtteil wie jeder andere. Sie ist den Fanatikern deutscher Ordnung ein Gräuel, Nostalgikern ein Labsal, Politikern ein Problem oder Ärgernis, Magnet für Reisebüros, Journalisten und Spekulanten, vielen – je nachdem – zu laut oder zu leise, Unruheherd, Abenteuerspielplatz, Malgrund, Wandzeitung, Arbeitsplatz, Boulevard, Kampffeld, Biotop, Reservat, Trümmerstätte, Planquadrat, Objekt der Begierde. Für viele ihrer Bewohner ist die Äußere Neustadt ganz unsentimental Heimat.«

Gregor Kunz, 1991

Zeichen setzen

»Das Viertel war schon immer ein rotes Tuch. Erst waren es die Langhaarigen, dann die bunten Haare, dann die ›Irokesen‹«, meinte ein Oberkommissar vom Polizeirevier Nord. Wenn auch auffällig frisierte Jugendliche zum Straßenbild gehörten, so wohnten doch mehrheitlich ganz normale Bürger im Viertel, die sich mit Verfall, Sanierungsfolgen und Verdrängungsprozessen konfrontiert sahen.

»Wir wollen, dass die Vielfalt erhalten bleibt. Die Äußere Neustadt soll weder eine linke Spielwiese noch ein Banken- und Vergnügungsviertel werden«, erklärte Gregor Kunz. Die Begehrlichkeiten waren allerdings nicht zu übersehen. »Dieser ganze überschwappende Abschaum des Kapitalismus, also die Umwandler, die nur aufkaufen und Mieter rausschmeißen, die stehen hier Schlange und erzeugen einen gewaltigen Druck«, beobachtete der Hamburger Joachim Reinig. Sein von der Partnerstadt hierher delegiertes Architektenbüro »Planerkollektiv« arbeitete mit Dresdner Kollegen zusammen. Gemeinsam verfolgten und förderten die Planer richtungsweisende Ansätze wie Blockheizkraftwerk, alternativer Bauträger, Sanierungskommission oder Dachreparaturprogramm. Damit signalisierten sie, dass sie eine bewahrende, bewohnerorientierte Erneuerung anstrebten. »Es waren Zeichen notwendig, dass der Verfall ein Ende hat, dass jetzt auf das Volk gehört wird – zumindest etwas mehr.«

Zu diesen Signalen zählte auch die Idee einer Ein-Haus-Genossenschaft an der Pulsnitzer Straße 10. Das Pilotprojekt glückte, 1992 beschloss die Beigeordnetenkonferenz die Mög-

»In seinen Laden habe ich mich verliebt. Mit den vollgestopften Fächern, dem bunten Warenangebot und der Theke, von der aus Günter Otto und seine Frau bedienen, erinnert er mich an meine eigene Kinderkaufladenzeit«, bekannte Maria Lüttringhaus 1990.
1883 eröffnete das Geschäft auf knapp 20 Quadratmetern Verkaufsfläche. Die Kaffeeröstmaschine stammt von 1934. Heute hält ein Bio-Laden-Café die Tradition des Tante-Emma-Ladens an der Schönfelder Straße 4 wach.

Bei dem Eckhaus an der Alaun- zur Böhmischen Straße handelt es sich mittlerweile um die älteste Weinhandlung Dresdens. In den 1840ern stand an dieser Stelle eine Schlächterei mit Destille, jetzt verkaufen hier die Schwestern Bethe Meißner Wein. In den 1960ern saßen sie noch als Töchter des Besitzers am Eingang zur Probierstube und passten auf, dass kein Kunde zu bezahlen vergaß.

Rolf Leonhardt in seiner Kronen-Apotheke –
die älteste noch an selber Stelle bestehende Apotheke Dresdens wurde 1948 verstaatlicht und nahm 1983 die Räume der benachbarten Gosch-Buchhandlung hinzu. Nach Privatisierung und Umbau 1990/91 übernahm der jetzige Besitzer 1997 die Geschäfte.

lichkeit, individuelle Wohnformen zu fördern. Seit jenem Jahr besteht auch dank einer Initiative Joachim Reinigs die Stiftung Äußere Neustadt. Denn die vom Hamburger Senat konkret für das Viertel bereitgestellten Gelder sollten nicht im klammen Stadtsäckel untergehen, sondern dauerhaft in die Hände der Menschen gelangen, die vor Ort leben und arbeiten.

Engagement trotz Gegenwind
Am 19. Januar 1993 nahm die Stadterneuerungs- und Sanierungsgesellschaft mbH Dresden (Stesad) ihre Arbeit auf. Im selben Jahr verabschiedete der Stadtrat die Sanierungsziele und Grundsätze für den Sozialplan zur Milderung der Auswirkungen sowie das Erneuerungskonzept. Es untergliederte die Straßen des Stadtteils nach drei verschiedenen Funktionen: Wohnstraßen, örtliche und überörtliche Geschäftsstraßen. Im Sanierungsgebiet sollte die Wohnnutzung überwiegen. Konzentrationen von Einzelhandel und Dienstleistungen waren entlang der Königsbrücker und Bautzner Straße sowie in Rothenburger, Alaun- und Louisenstraße vorgesehen. 1994 erklärte der Stadtrat die Alaunstraße zur ersten Fahr-

radstraße Sachsens. Die Erhaltungssatzung beschloss der Stadtrat ebenfalls in jenem Jahr.

In Sanierungsgebieten gilt ein besonderes Baurecht: Es fordert beispielsweise zahlreiche Einwohnerversammlungen, auf denen Bürger, Behörden und Bauherren über die Pläne diskutieren können. »Auf einer solchen Sitzung meinte einmal ein großer, dicker Investor, er wolle den ganzen Bischofsweg kaufen. Den Eigentümern würde er 100 000 Mark für ein Haus mit zwölf Wohneinheiten geben. Da ist ihm der Stesad-Chef, der kleine Heiner Sonderfeld, an den beschlipsten Kragen gesprungen und hat ihm Prügel angeboten«, erinnert sich der Fotograf Günter Starke.

Auf dem mühsamen Weg durch die Instanzen konnte die IG Äußere Neustadt viel erreichen, so zum Beispiel die Einrichtung von Reinigungsbädern und einer Werkzeugausleihe, die sie eine Zeit lang mit ABM-Kräften betrieb. Die Bürgerinitiative forderte energisch und erfolgreich den Wiederaufbau des Nordbades, kämpfte für Spielplätze, setzte sich für das Entstehen und Überleben gemeinschaftlicher Wohnformen ein, widmete sich der Erforschung der Lokalgeschichte und gab mehrere Jahre lang die monatliche Stadtteilzeitung »Anton« heraus.

Auch die Sanierungskommission aus dem Jahre 1989 konnte trotz Gegenwind lange bestehen. Stadtrat und Verwaltung sahen bereits nach der Kommunalwahl, der Wirtschaftsunion ab Juli und dem Beitritt im Oktober 1990 keine rechtliche Grundlage mehr für das unbequeme Gremium. Da ihm große Investitionsvorhaben nicht immer rechtzeitig vorgestellt wurden, blieb den Betroffenen oft wenig Einflussnahme, erinnerte sich Thomas Pieper an die Situation 1992. So hatte die Kommission immer wieder mit Ablehnung zu kämpfen, bis sie zum 1. Januar 2000 aufgelöst wurde.

Die Szene inszeniert sich

Fröhlicher Aufbruch in den Neunzigern

Kunstaktion an der Böhmischen Straße 35

Das Kopfsteinpflaster im Hof der »Blauen Fabrik« an der Prießnitzstraße 44/48 weist darauf hin: Vorsicht, Kunst! Seit Anfang der Neunziger leben und arbeiten hier Künstler, darunter einige, die sich besonders der Improvisation verschrieben haben. Sie organisieren Ausstellungen, Workshops und Konzerte. Zu der Gemeinschaft gehören inzwischen bekannte Namen wie der Musiker Hartmut Dorschner, der Maler Christopher Halley Simpson oder die Sängerin Agnes Ponizil.

»In der Übergangszeit 1989/90 sprossen hier die Szenekneipen wie Pilze aus dem Boden. Das Besondere daran war die Aufbruchstimmung; es war eine Zeit der Ideen. Wir kannten das nicht und haben alles aufgesogen«, schwärmte Holger Goehler. »Bronxx, Projekttheater, Tivoli: Das waren Ersatzwohnzimmer. Sie haben den morbiden Charme der überlieferten Architektur wieder belebt. Mit ganz einfachen Mitteln war es darin zweckmäßig und gemütlich eingerichtet. Da saß man dann und quatschte mit wildfremden Leuten.«

Mit den Szenekneipen trat eine sich emanzipierende Gegenkultur in die Legalität. Den Auftakt bildete das auf S. 47 erwähnte »Café Z«;

es folgten die Cafés »Spitz« am Neustädter Bahnhof und »Stillos« im nahen Hechtviertel. Im Dezember 1989 eröffnete die »Bronxx« an der Alaunstraße. Deren Betreiber suchte nun – nach jahrelanger Ausstellertätigkeit für Dresdner Künstler in der eigenen Wohnung – mit einem Galerie-Café die Öffentlichkeit.

Das Aufflammen unterdrückter Meinungsäußerung, der Bedarf an freiem Austausch, die Freude am Diskutieren, Ideenspinnen und Entdecken der eigenen Kreativität spiegelten sich in der improvisierten Einrichtung und in der Überfüllung dieser und weiterer spontan eröffnender Cafés wider. Die Äußere Neustadt bot nicht nur Platz in leer stehenden Erdgeschosswohnungen, sondern auch in ihrer ergrauten Würde die ideale Kulisse für den fröhlichen Aufbruch in die Meinungsvielfalt. Wieder übernahm das Viertel damit eine Stellvertreterfunktion für das Stadtzentrum.

Bis sechs Uhr morgens verkauften die Kneiper Getränke, oftmals ohne jegliche behördliche Erlaubnis. Einer drohenden Schließung entzog man sich, indem man um eine Spende bat. Es ging eher spartanisch zu, Hygiene war unwichtig, denn im Vordergrund standen Kommunikation und Neuorientierung, keine Kon-

1983 befanden sich gerade noch zwölf Kneipen mit 640 Plätzen in der Äußeren Neustadt. Neben den im Wendejahr noch verbliebenen »letzten Instanzen« eröffneten die ersten Szenekneipen.
Die Einrichtung des Cafés »Bronxx« an der Alaunstraße 64 bestand aus Teekisten zum Sitzen und Wechselrahmen für Ausstellungen an den Wänden. Plakate und bunte Schilder lockten das Publikum herbei. Der Neustädter Künstler Richard Mansfeld gestaltete Innenräume, Fensterfront und Hausflur mit Zeichnungen aus. Zu Silvester 1990 brannte die »Bronxx« nach einem rechtsradikalen Überfall aus. Auf die daraufhin sofort behördlich zugemauerte Erdgeschossfront wies der Künstler mit bunten Figuren hin. Die typische Dachrinnenbirke spross auch aus dieser Ruine.

ventionen. Gab es doch einmal Ärger mit den Ämtern, wurde dieser per Anschlag dem sich empörenden Publikum zur Kenntnis gebracht. »Wir waren ja nach der Wende der Prellbock«, beklagte sich ein Beamter. Über deren Verunsicherung selbst ein wenig erstaunt, meinte ein Selfmade-Gastronom: »Und das hat gefruchtet. Der anarchische Frühling. Man musste nur laut genug schreien, dann konnte man machen, was man wollte.«

Illegale Graffiti wie diese längst wieder verschwundenen an der Alaunstraße 43 und Böhmischen Straße 14 sind kein auf die Neustadt beschränktes Phänomen. Hier allerdings häufen sich Beispiele eines kreativen Umgangs damit schon seit 1990. Den ersten Giebel an der Louisen-/Ecke Alaunstraße schmückte Richard Mansfeld. Auch die bereitgestellte Sprühwand neben der Scheune existiert noch. Seither schrieb so mancher Hauseigentümer Gestaltungsfläche aus. Die entstandenen Farbtupfer bereichern nicht nur das Straßenbild, sondern schützen auch kostensparend die Wände vor Schmierereien.

Höchste Kneipendichte weit und breit

Mit der Zeit wieherte der Amtsschimmel wieder: Hygieneauflagen, Schließzeiten, Polizeistunde... Außerdem gerieten die bunten Treffs ins Visier rechtsradikaler Übergriffe. Die marode Bausubstanz bereitete den Betreibern zusätzliche Probleme. Dennoch war der Kneipenboom nicht aufzuhalten.

Zur Generation 1990 zählten »Pinta«, »Tivoli«, »100«, »Planwirtschaft«, »Raute«, »ReiterIn« und »Raskolnikow«. Einige hielten ihrer Herkunft aus der Künstlerszene anfangs noch mit Lesungen und Ausstellungen die Treue. Führten zunächst Vereinsmitglieder so manchen gastronomischen Betrieb, gaben sie ihn später an Profis ab. Dieser Ablöseprozess war überall zu beobachten, auch wenn die Markenzeichen vieler Cafés eine künstlerische Prägung trugen. Nach und nach entfaltete sich eine facettenreiche gastronomische Landschaft, vollzog sich der Wandel zum einschlägigen Kneipenviertel Dresdens. Yuppies empfanden das von Alternativen aufgewertete Milieu als unkonventionell, gaben ihr Geld für demonstrativen Konsum aus und nutzten den städtischen Raum als Bühne zur Selbstdarstellung. »Egal, ob es sich um Prosecco oder Kultur handelt, sie bestimmen, was angesagt ist. Ab einer bestimmten Quantität dieser zahlungskräftigen Gentrifier kippt das Quartier zum Erlebnisviertel«, zieht Maria Lüttringhaus Vergleiche zu Verdrängungsprozessen in westlichen Großstädten. Wie dort vermarkteten auch hier Kneiper und Reiseführer den anfänglichen »Geheimtipp« als Muss.

Bei »Hebeda« an der Rothenburger/Ecke Böhmische soll es in der Inflationszeit heißes Wasser fürs mitgebrachte Kaffee-(Ersatz-)Pulver gegeben haben. »Familienverkehr« stand überm Eingang. Der Lästerzungen wegen änderten die Betreiber in den Neunzigern die Aufschrift.

Mittlerweile haben sich verschiedene Szenen in eigenen Lokalitäten mit jeweils erkennbarem Stammpublikum herausgebildet. Unterhaltungs- und Vergnügungsangebote bestehen neben eher desorganisierten Treffs oder sorgfältig gestylten Bars. Das überregionale Marketing der Freizeitindustrie und die starke Medienpräsenz verstärken noch den Ruf des Viertels mit der höchsten Kneipendichte Dresdens. Dabei reicht das Spektrum von schick bis alternativ, von einfallsreich bis langweilig und von teuer bis preiswert. Während die Gäste in Cocktailbars bei gedämpftem Licht und Chillout-Musik taxiert werden, zelebrieren über 20 Nationalitäten in den jeweiligen Lokalen landestypisches Flair. Orientieren sich Schwulen-, Gothic-, Skater-, Graffiti- oder Antifa-Kneipen am Habitus ihres Milieus, so sortieren sich Zielgruppen von Teestube oder Biergarten, Weinkeller oder Shisha-Bar nach den Geschmäckern.

Das Image des Szene- und Vergnügungsviertels wurde zum Selbstläufer. Nachdem die Anzahl der Kneipen Ende der 1990er Jahre sprunghaft angestiegen war, sind seither ein fortwährendes Kommen und Gehen, der Trend zur Zweit- und Drittkneipe sowie ein zunehmender Gästestrom aus dem Umland zu konstatieren. In diesem Milieu siedelten sich gezielt Läden für junge Käuferschichten an: Viele Bekleidungsgeschäfte sind auf bestimmte Stilrichtungen bei Neu- und Gebrauchtwaren von Designermode bis hin zu Nischenartikeln spezialisiert. Aber auch die Friseurläden bringen es auf eine erstaunliche Dichte und erquickende Namensgebungen. Daneben existieren Anlaufpunkte für Skateboarder und Sprayer sowie Headshops und Tattoo-Studios. Last, but not least, dürfen die Buchhändler ihre Äußere Neustadt stolz und zu Recht als Bücherviertel bezeichnen.

»Die Häuser denen, die darin wohnen«

»Jede ordentliche Familie will hier immer schon weg«, meinte eine 50-Jährige noch 1992 mit Blick auf das verlotterte Umfeld und den niedrigen Wohnstandard. Ein Sozialarbeiter hielt dagegen: »Der Begriff Wohnen ist heute reduziert: Keiner darf reingucken, hier bin ich nur privat. Wohnen ist aber mehr, ist einfach auch leben.« Er betreute junge Leute, die den Schwung der Wende nutzten, um leer stehende Häuser am Bischofsweg oder an der Böhmischen Straße zu besetzen und eigene Lebensstile zu erproben. Dies galt nach DDR-Gesetzen nicht als Rechtsbruch. »So etwas war bei uns einfach nicht vorgesehen«, bekannte der 1990 zuständige Revierleiter Böhme.

Vom 23. zum 24. September 1994 fand anlässlich der Nacht der Wohnungslosen eine symbolische Besetzung der Martin-Luther-Straße 16/18 statt. Das Gebäude war im Herbst 1990 rückübertragen worden. Der Eigentümer hatte das Haus in kürzester Zeit entmietet und Anfang 1991 verriegelt, worauf es fast vier Jahre lang leer stand. Auf dieses Paradebeispiel an Missachtung von Eigentümerpflichten, Verdrängung und Spekulation machte die Aktion aufmerksam. Heute sind die Vorderhäuser saniert und bewohnt; die Fabrikruine dahinter steht leer.

Straßenkunst vor der Szenekneipe »Planwirtschaft« an der Louisenstraße.

Anfang der Neunziger formulierten Besetzer auch schon mal politischen Protest wie hier an der Louisenstraße 93.

Im gesamten Viertel herrschte zur Wendezeit dringender Sanierungs- und Wohnraumbedarf: Vier Fünftel der Neustädter benutzten noch Außentoiletten, 95 Prozent heizten den Ofen. Die meisten von ihnen befanden zunächst zwar Instandsetzung für dringlicher als Luxus. Andererseits winkte Investoren bei Vollsanierung die schnellere Rendite. »Im Sanierungsrecht ist sehr viel vorgesehen an Dingen, die der Eigentümer mit der Stadtverwaltung abzusprechen hat. Aber nichts, aber auch gar nichts Wirksames, um ihn zu zwingen, sich daran zu halten«, meinte Thomas Pieper. Ein politisch gewolltes Loch?

Farbenfrohe Giebelwand in der Sebnitzer Straße und bemaltes Trabiwrack im Hof der Martin-Luther-Straße 16/18 – Spaß und Lebensfreude erblühten in den grauen Straßen der Bunten Republik.

Am Bischofsweg 26 fanden junge Leute, zumeist Schüler, zu Jahresbeginn 1990 eine Möglichkeit, gemeinsames Wohnen auszuprobieren. »Wir haben eine tolle Faschingsfete gefeiert und fast jede Nacht 20 Leute im Haus gehabt. Und dazu die Schule. Es gab ständig Ein- und Auszüge. Das war einfach zu stressig«, berichtete einer, der dabei war. Bis 1991 flatterte die schwarz-rote Fahne an der Fassade. »Damit haben wir fälschlicherweise die Glatzen regelrecht angelockt. Früher galt es noch als revolutionär unter der Jugend, links und gegen den Staat zu sein. Heute kommen auf einen von uns vielleicht 20 Faschos. Wir wollten zeigen, dass wir dagegen und viele sind, indem wir ein Haus besetzen und uns wohl fühlen.«

Wegbereiter und Eroberer

Die Forschung nennt sie Pioniere der Reurbanisierung. Diese Leute erkannten trotz des Verfalls die architektonische Schönheit und den Wert der Bausubstanz. Sie ließen sich bewusst auf einen Lebensstandard ein, über den andere die Nase rümpften. Ihnen war das gemeinschaftliche Lebensgefühl wichtig; sie wollten in bezahlbaren und selbst gestalteten Wohnungen eine eigene Identität ausprägen. Noch konnte man in Nischen so sein, wie man war: frei von Selbstinszenierung und offen.

Das Engagement aktiver Bewohner und der Stadtverwaltung sowie die privat und öffentlich investierten Gelder führten zu einer bemerkenswerten Auferstehung aus Ruinen. Kaum war das Nest gemacht, zog der Charme des dicht bebauten und bevölkerten Quartiers auch jungdynamische Eroberer in seinen Bann, die die Idylle zum Kult erklärten. Man wohnte im Schnitt drei bis vier Jahre lang hier, ein reichliches Drittel der Bevölkerung verließ das Quartier, wenn sich die persönliche Lebenssituation durch einen Ausbildungs-, Berufsstart oder familiäre Neuorientierung änderte. Ein Großteil der Stammbevölkerung packte sanierungsbedingt die Koffer. Bis 1997 sank die Einwohnerzahl auf rund 8800. Doch selbst der Durchläufer trug ein wehmütig umflortes Bild vom hier erlebten unkomplizierten Miteinander mit sich davon. 2005 lebten noch zwölf Prozent »Eingeborene« auf ihrer »Insel«.

Wir bleiben hier

Eine Demonstration am 23. März 1995 unterstrich den Willen der von der Vereinigung »Häusertratsch« repräsentierten Initiativen, sich nicht verdrängen zu lassen. Die Eingangstür des Dresdner Rathauses war bei Herannahen des Zuges eilig verschlossen worden, musste aber dem »Druck der Straße« nachgeben. Nachdem sich die rund 500 Teilnehmer Zugang zur Stadtratssitzung verschafft hatten, tanzten und trommelten sie im Plenarsaal und verteilten die Broschüre »Wir bleiben hier« unter den Anwesenden. Daraufhin lüfteten sie die bunten Perücken, die das Neustadt-Klischee persiflierten, und zogen wieder davon.

Heute verschwundene Graffiti im Durchgang zum Nordbad von der Louisenstraße 48.

Selbst das Beseitigen von Graffiti ernährt inzwischen manchen Handwerker.

Im Lager einer ehemaligen Werkhalle des VEB Metallwaren in der Louisenstraße 47 eröffnete die Theaterbrigade um die drei Gründer Julia Langer, Michael von Oppen und Steffen Rinka am 18. Februar 1990 das »Projekttheater«. Die einzige freie Bühne Dresdens war die erste ihrer Art in der DDR, als sie in den Achtzigern in Neustadtwohnungen entstand. Nun bot sie freien Theatergruppen Auftrittsmöglichkeiten und avancierte in jenem Jahr mit brisanten Stücken zum erfolgreichsten Off-Theater Ostdeutschlands.

Im »Orpheum« auf der Kamenzer Straße 19 wurden Ballsaal und Galerie in ihrer ursprünglichen Form restauriert, nachdem die Westseite des Hauses vom Schwamm befallen und teilweise bereits eingestürzt war. Statt der früheren Orchesterbühne lässt nun eine Glasfassade über zwei Stockwerke und die gesamte Breite viel Licht in den elf Meter hohen Saal. Im Eröffnungsjahr 1999 für wenige Wochen als Varieté betrieben, wurde der Saal teil- und zeitweise als Architekturbüro genutzt.

Während in vielen Treppenhäusern wie hier in der Frühlingsstraße 22 (rechts) die alte Schönheit denkmalpflegerisch restauriert wurde, entstanden daneben auch moderne qualitätvolle Ausmalungen wie beispielsweise in der Kamenzer Straße 17 (oben).

Die bürgerliche Architektur mit ihrer Geschlossenheit vermittelt ein Gefühl von Geborgenheit, gibt in ihrer Kleinteiligkeit die Chance zu überschaubaren Nachbarschaften und Gemeinschaften, ist im Erscheinungsbild unverwechselbar und hat eine eigene Geschichte. Kurz: Die Neustadt macht es ihren Bewohnern leicht, heimisch zu werden. Baulärm und Sanierungsdreck hatten sie eines Tages überstanden oder nie erlebt; vergessen ist die Schornsteinluft. In steigendem Maße wird der Stadtteil wieder für eine längere Lebensphase zur Heimat.

Typisch Neustadt

Was ist nun dran an dem von Meinungsmachern und Anwohnern selbst gern und viel zitierten typischen Neustadt-Flair? Freilich lässt sich ein besonderes Klima im Stadtteil nicht leugnen. Das Straßenleben beginnt hier später und spielt sich nachts oft länger und ausgelassener ab als im übrigen Dresden. Es geht lebendiger und bunter, hipper und toleranter zu als in anderen Vierteln. Im Gegensatz zu vielleicht vergleichbaren cool-schrägen Quartieren in anderen Städten ist hier noch Authentizität und Wärme spürbar.

Italienische Ornamentfliesen, portugiesische Majoliken und Meißner Keramik verarbeitete die Neustädter Plastikerin Viola Schöpe 1997 im Hof der Alaunstraße 70 mit der Rohrzange zu Fabelwesen. Im Jahr darauf öffnete sich der Durchgang in den Hof des Lichts, der mit Stegbühnen und Projektionsflächen das Zentrum der heutigen Kunsthofpassage zur Görlitzer Straße 23–25 bildet. Den Hof der Metamorphosen (rechts unten) mit Stahlstelen und ölgetränkten Papiersorten entwarf Arend Zwicker. Annette Paul, Christoph Roßner und André Tempel ließen sich von St. Petersburger Fallrohren und Dauerregen am Chiemsee zu einem Wasserspiel im Hof der Elemente (rechts) inspirieren. 2002 schufen die Steinmetze Markus Sandner und Oliver Matz den Hof der Tiere (links), der ebenfalls mit Wasser, aber auch mit Holz, Sandstein und Weidengeflecht gestaltet ist.

In der ehemaligen Fabrikantenvilla von Jordan & Timaeus an der Alaunstraße 71 bezog die »Gruppe der 20« bis Anfang 1990 ihr erstes Büro in der Küche von Friedrich Boltz.

Galt die Äußere Neustadt Ende der Achtziger unter »anständigen Bürgern« noch als vom Verfall bedrohtes Dreck- und Assiviertel, spitzte sich die Gefährdung 1989 konkret auf den Flächenabriss zu. Anfang der 1990er schlugen die Bedrohungen um in Spekulation, Luxussanierung und Verdrängung. Sie riefen verschiedene Formen des Protestes auf den Plan. Während die eher unpolitischen Grau- und Schwarzmieter öffentlich kaum wahrgenommen wurden, trugen auffälligere junge Leute – wie Hausbesetzer oder Punks – zur Etikettierung des Viertels bei.

Die von Medien, Gewerbetreibenden, Bewohnern und Gästen kolportierte ganz eigene Atmosphäre lebt nicht nur aus der erhaltenen städtebaulichen Strukturvielfalt heraus, sondern ist in der Tat eine Folge von dichter Besiedlung und spontanen Projekten, aktiven Initiativen und einer mit schrillen Vögeln angereicherten Szenerie. Möglich wurde sie durch jene Nischen, die potenziell Widerständige und Kulturschaffende in der DDR-Zeit kreativ ausgefüllt hatten. Nicht ohne Grund häufen sich Galerien und Kunst am Bau gerade in diesem Quartier.

Die Bunte Republik Neustadt

Wiese in der Louise – Rasen statt rasen, Anlass war der bundesweite Aktionstag »Mobil ohne Auto« just am BRN-Wochenende 1999.

Eingang zur Alaunstraße im Juni 1990.

Die stillgelegten Hallen des VEB Leder- und Plastverarbeitung dienten 1993 als Veranstaltungsort.

Alljährlich im Juni verwandeln sich die Straßen der Neustadt in eine quirlige Partyzone, wenn für ein Wochenende die »Bunte Republik Neustadt«, kurz BRN, ausgerufen wird. Die Idee stammt aus dem Jahr 1986, erinnerte sich Mitinitiator Gregor Kunz. »Wir wollten ein Straßenfest feiern, um zu zeigen: Wir sind da und wir wollen bleiben.« Der Startschuss zur ersten BRN fiel 1990, beflügelt von der Aufbruchstimmung der Wendezeit. Noch im November 1989 hatten Künstler und Intellektuelle über einen dritten, eigenständigen Weg in die politische Zukunft diskutiert, der weder das System der DDR noch das der BRD zum Vorbild hatte. Auf die späteren Wahlergebnisse hatten diese Visionen jedoch keinen Einfluss.

Wohin nun mit all der geweckten Lust auf einen Aufbruch aus eigener Kraft? Die Utopisten wälzten Ideen: 1848, Christiania und andere Städterepubliken standen im Raum. Eine Rätemonarchie hier und jetzt, ordentlich provisorisch, richtig fröhlich und gehörig bunt, warum eigentlich nicht. »Die Idee zur Bunten Republik entstand eines Nachmittags in der Bronxx in einer Schwatzrunde, die mal nicht so endete, wie so etwas meistens endete: Naja, gute Idee gewesen. Sondern: Okay, das machen

Offizielles Zahlungsmittel der Bunten Republik Neustadt 1991 – die Neustadt-Mark.

Aus den Erlässen der Provisorischen Regierung

Dekret Nr. 1
Dekret über den Frieden
Im gesamten Territorium der Bunten Republik Neustadt sowie in einem Umkreis von 40 076,6 Kilometern ist das Herstellen, Tragen, Anwenden und Verkaufen von Waffer strikt verboten.

Dekret Nr. 2
Dekret über die Bodenreform
Die Häuser gehören denen, die darin wohnen und arbeiten. Die Häuser und der Grund und Boden, auf dem sie stehen, sind unverkäuflich.

Dekret Nr. 3
Dekret über die Menschenrechte

Dekret Nr. 4
Dekret über die Verlängerung der Schulpflicht

Dekret Nr. 5
Dekret gegen Reklame und Kaufzwang

Dekret Nr. 6
Dekret über Spekulation
Bei der Ausübung ihres Berufes haben Spekulanten ein giftgrün-knallgelb schräggestreiftes Sakko zu tragen.

Den kompletten Wortlaut aller Dekrete veröffentlichte die Schild-Zeitung 1990.

Für die Kinder fuhr 1992 eine Feldbahn durch die Böhmische Straße.

wir jetzt. Na, da haben wir das Ding innerhalb von zwei, drei Monaten aus dem Boden gestampft«, erzählte Gregor Kunz.

Im Juni, eine Woche vor der Währungsunion, war es soweit: Die frisch gedruckte Neustadt-Spaßmark kursierte als BRN-Währung und war – im Unterschied zur verordneten Abwertung der Sparguthaben – eine Ost- oder zwei Westmark wert. Fleißig tauschten Eingeborene und Ausländer im zur Staatsbank umfunktionierten Projekttheater.

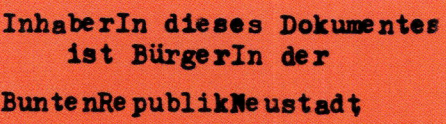

Pass der Bunten Republik Neustadt von 1990

Dort erhielten die Ureinwohner auch Pässe. Plakate und Kreideschrift auf dem Straßenbelag markierten das Territorium an den Eingängen entlang Bischofsweg, Prießnitz-, Bautzner und Königsbrücker Straße: »Sie betreten den demokratischen Sektor Dresdens.« Die schwarz-rot-goldene Flagge mit Mickey Mouse im Ährenkranz wurde gehisst. Aus der Regierungserklärung erfuhr das Neustadtvolk: »Ziel der Aktion ist die Bewahrung einer über viele Jahre gewachsenen Stadtteilkultur. Das Wichtigste ist natürlich die Rekonstruktion unserer Häuser und Höfe zu hoffentlich danach noch bezahlbaren Mieten. Dazu gehört der Schutz der Bewohner vor Vertreibung und die Herstellung einer breiten Solidargemeinschaft kontra Willkür und Zerstörung. Eigentlich sollten wir bestimmen, wie es in der Neustadt auszusehen hat, und nicht schon wieder welche oben.« Die Zusammensetzung der Ordentlichen Provisorischen Regierung, ihre Dekrete und das Festprogramm veröffentlichte die von Straßenverkäufern feilgebotene »Schild-Zeitung«.

Kinderfest und Filmvorführungen, Grafik- und Bauernmarkt, Konzerte und Straßentheater, vor allem aber ungezählte spontane Aktionen der Anwohner selbst zauberten eine ungekannte übermütige Stimmung auf die Straßen. Die verschiedenen Bevölkerungsschichten spiegelten sich in der Vielfalt des Dargebotenen vom Kinderschminken bis zu Vorlesungen für Senioren bei Kaffee und Kuchen. Niemand sollte ausgeschlossen sein.

Proklamation der Provisorischen Regierung 1990

Die provisorische Regierung der Bunten Republik Neustadt (BRN) erklärt sich für existent und erhält somit den Status einer Ordentlichen Provisorischen Regierung (OPR). Sie übernimmt ab sofort und bis auf Widerruf keine Verantwortung und zwar vor dem ganzen Volk der Neustädter jeden Alters, Geschlechts, Hautfarbe, Parteizugehörigkeit, Weltanschauung und Religion.

Die OPR verspricht nichts außer der Fortführung des guten und schlechten Wetters unter allen Bedingungen sowie harten Widerstand gegen Spekulation, Mietwucher, Zerstörung und Vertreibung der Bewohner der BRN. Wer sich nicht wehrt, lebt verkehrt.

Die OPR garantiert die Gleichbehandlung aller Bürger der BRN bei der Verteidigung ihres sozialen Besitzstandes.

Die OPR stellt sich getreu dem Grundsatz, daß Wahlen, hätten sie je etwas bewirkt, längst verboten wären, keiner Wahl. Vielmehr ergänzt sie sich aus der interessierten und engagierten Bevölkerung. Das Ideal, die Zahl der Regierenden sei gleich der Zahl der Bürger, wird ernsthaft angestrebt.

Die OPR erklärt jede Einschränkung der in der Menschenrechtsdeklaration verankerten Grundrechte zum Verbrechen, das mit Verbannung aus der BRN zu ahnden ist. Auch der Versuch ist strafbar.

Jede Verherrlichung von Krieg, Militarismus, Faschismus und Rassismus ist in der BRN verboten, ansonsten besteht Pressefreiheit, Redefreiheit und Freiheit der künstlerischen Darstellung.

Die OPR erklärt diverse Erscheinungen des sogenannten modernen Lebens für ziemlich ekelhaft. Darunter fallen: gewinnorientierte Mieten, Gewalt, Sperrstunden, Reklame, Wohlstandsdenken, Konsumfetischismus, Umweltzerstörung etc. pp.

Die OPR bedauert zutiefst, daß sie diese Erscheinungen und deren Ursachen nicht von heute auf morgen beseitigen kann.

Kaleidoskop der Befindlichkeiten

Die Festwochenenden der nächsten Jahre organisierte mit städtischer Unterstützung der Kulturstadt e.V., der zur Förderung von Basiskultur und Kleinkunst-Szene angetreten war. Auf einer Pressekonferenz im Vorfeld des 1991er Stadtteilfestes verlas der Monarch ohne Geschäftsbereich eine Regierungserklärung »gegen Mietwucher, Spekulation, Gewalt, Intoleranz, Militär, Arbeitslosigkeit und zu frühes Aufstehen«. Noch einmal kursierte die Neustadtmark als gültiges Zahlungsmittel. Pässe, Schild-Zeitung und Eingangsschilder gehörten ebenfalls wieder dazu. Ein Umzug fand statt, außerdem machte die Bürgerinitiative per Kneipen- und Kulturbetrieb auf das verfallende Gebäude des geplanten Stadtteilhauses aufmerksam. Kurt Biedenkopf lehnte die offizielle Einladung der Ordentlichen Provisorischen Regierung zum ersten Jahrestag der BRN ab, da er fand, dass die Zeit für Alleingänge endgültig abgelaufen sei.

Ab 1992 gab es weder Neustadtmark noch Pässe, aber weiterhin die Schild-Zeitung. Nun tauchten Parteien auf wie die Creatürlich Demographische Union (CDU), die Frivolen Dentisten (FDP) oder die Solidarisch Populistischen Demiurgen (SPD), um als »Oppositionsparteien im pluralistischen Block« zu regieren.

1993 war der politische Anspruch längst überholt, der Enthusiasmus der Organisatoren verraucht. Eine Finanzierung war nicht in Sicht, zumal der anfängliche Förderstrom für Kultur stark nachließ. Also verkündete die Regierung, sich symbolisch in der Elbe aufzulösen. Während die Presse dort wartete, erfrischten sich die Anstifter in einer Kneipe.

Getrübt wurde das Fest von gewalttätigen Auseinandersetzungen. »In Horden ziehen Rucksack-Isomatte-Karawanen durch den Stadtteil. Es ist die alternative Szene aus Berlin, wie ich höre. Plötzlich entsteht Tumult. Vorn an der

Kreuzung missachtet ein VW-Bus die Straßenabsperrung, Skinheads springen heraus, greifen eine Gruppe Autonomer an, eine Straßenschlacht ist bald in vollem Gange. Wenig später entlädt sich die Aggression auf die Polizisten, die einen Autonomen ergreifen, und dann auf die Schaufenster. Die rechte Szene hat sich aus dem Staub gemacht. Während sich die Polizei hilflos in Richtung Albertplatz zurückzieht, um auf Verstärkung zu warten, bekämpfen nun vereinzelt vermummte Möchte-gern-Helden den Faschismus weiter«, schrieb Maria Lüttringhaus. Die Krawalle als Ausdruck der Ohnmacht gegen das sich ausbreitende Großkapital einerseits und der Abenteuersuche seiner erklärten Gegner andererseits ernteten scharfe Kritik, beschädigten sie doch das Klima des friedlichen Zusammenlebens. Immer wieder geriet das Viertel seither mit Konflikten zwischen Polizei und Hausbesetzern oder Vandalismus an blank getünchten Hauswänden in die Schlagzeilen.

Was bleibt

Mit dem Wegbrechen der DDR-Strukturen hat ein anfangs spontanes, offenes und von Idealismus getragenes Fest seinen von den jeweiligen Zeitzeichen geprägten Lauf genommen. Nachdem sich die Initiatoren nach wenigen Jahren zurückgezogen hatten, kehrten zwar Mitte der Neunziger einige kurzzeitig zurück, gaben aber bald wieder auf. Denn spätestens ab 1999 entwickelte sich die Bunte Republik Neustadt endgültig zu einem entpolitisierten Spaß- und Vergnügungsfest und folgte damit dem Wandel des Stadtteil-Images zum Erlebnisviertel.

Ab 2002 fand sich niemand mehr für die Dachorganisation. Schließlich holte sich jeder, der etwas plante, die behördlichen Genehmigungen selbst. Geblieben sind der akzeptierte und unüberhörbar strapazierte Ausnahmezustand an dem alljährlichen Juniwochenende, die Lust der Ansässigen an der eigenen Spontaneität und die Neugier der Besucher. Die 2006 einsetzende Besinnung auf die Ursprünge, die nach wie vor lebendige Kreativität der Bewohner und der erstarkende Ruf nach gegenseitiger Achtung unter den einzelnen Veranstaltern lassen auf eine konstruktive Eigendynamik der BRN hoffen.

2005

1991

1991

2007

Jung und spontan, bunt und vital, laut und eng

Blick von der Rothenburger in die Louisenstraße.

Aktion der Grünen Liga 1991
vor der Kaufhalle Alaunstraße 8 gegen die hereingebrochene Verpackungsmüllflut.

links: **Kreuzung Alaun-/Louisenstraße.**
rechts: **Hof des Lichts, Görlitzer Straße 25.**

Am Albertplatz beginnt eine andere Welt. Vielfalt auf engstem Raum und Vitalität bilden einen geschätzten Vorzug gegenüber anderen Stadtteilen. Mit seiner Urbanität gibt das erhaltene, wieder belebte Gründerzeitviertel der Altstadt eine Vision zurück. Denn dort ging 1945 verloren, was hier seit der Wende aufblüht: ein pulsierendes, dichtes Geflecht von wohnenden, arbeitenden und sich erholenden Bürgern. Kurze Wege zu den zahlreichen Kultur- und Freizeitangeboten, zu Schule, Arzt, Dienstleistern und dem breit gefächerten Einzelhandel sind der Grund, warum hier so viele Fußgänger und Radfahrer zum Straßenbild gehören. Die Anwohner besitzen im Schnitt weniger Autos als andere Dresdner, weil die Spritfresser hier mehr belasten als nutzen würden. Laut Statistik leben in der Äußeren Neustadt 141 Menschen pro Hektar, das ist die höchste Dichte in Dresden. Ist Dresden gegenwärtig die geburtenfreudigste Stadt im Osten, so leben 34,6 Prozent der unter 27-Jährigen in der Neustadt. Knapp ein Viertel all der Dresdner Studenten trägt zusätzlich zum jugendlichen Flair bei. Mehr als die halbe Einwohnerschaft des Viertels ist zwischen 25 und 44 Jahren alt – eine aktive, qualitätsbewusste Gruppe. Älter als 45 Jahre sind 16,5 Prozent. Zum Vergleich: In der Gesamtstadt betrifft das 45,7 Prozent. Der Ausländeranteil lag 2003 bei acht Prozent, in Dresden insgesamt dagegen bei nur 3,7 Prozent. Obwohl in der Äußeren Neustadt, wie in innerstädtischen Vierteln mit hoher Wohndichte und Geschäftigkeit üblich, auch viele Straftaten passieren, fühlen sich die Ansässigen aufgrund der sozialen Kontrolle sicher.

Das denkmalgeschützte Geschäft von Pfunds Molkerei an der Bautzner Straße 79 ist heute restauriert und seit der Eintragung im Guinness-Buch der Rekorde 1997 als »schönster Milchladen der Welt« eine touristische Attraktion.

Zu den Schattenseiten des Neustadtlebens gehören die Hinterlassenschaften des nächtlichen Straßenlebens, die dadurch gestiegenen Reinigungs- und Abfallgebühren für die Mieter sowie der – zum Ärger unaufmerksamer Fußgänger – allerorten lauernde Hundekot.

Der Ruf als Amüsier- und Kneipenviertel zieht Aussteiger und als solche »verkleidete« Abenteuer- und Erlebnistouristen gleichermaßen magisch an.

Nachtfalter und Abenteurer

Das für Dresden untypische Nachtleben erinnert ein bisschen an Mittelmeerurlaub. Hier brennt auch spät noch Licht, von dem sich unzählige Nachtfalter und Abenteurer magisch angezogen fühlen. Ein tolerantes Leben und Lebenlassen prägen das Klima.

Das rege nächtliche Treiben, besonders an den Wochenenden, stellt die Bewohner jedoch bisweilen auf eine Belastungsprobe. Sie haben ihre liebe Not mit Ordnung und Sauberkeit, Lärm von rowdyhaften Besuchern und Nachbarn, Hundekot, fehlenden kostenfreien Pkw-Stellplätzen und Vandalismus. Einige »erlebnisorientierte« Nachtschwärmer scheinen aus dem Ruf des Viertels zu schlussfolgern, Schmutz und Scherben hinterlassen zu dürfen.

Chaos oder Zusammenklang?

Die Äußere Neustadt konnte sich im Vergleich zu anderen Stadtteilen sehr früh profilieren und verfügt noch immer über erhebliche Potenziale, die über die verkürzte Charakterisierung als Szene-, Kneipen-, Erlebnis- oder Studentenviertel hinausgehen. »Die Aufgabe besteht daher in den kommenden Jahren darin, die Individualität des Quartiers für seine Bewohner und für Dresden zu erhalten und gleichzeitig an neue Ausgangsbedingungen und Anforderungen anzupassen«, schätzt Soziologin Helga Gantz ein. Höhere Erwartungen an die Wohn- und Lebensqualität, sich verändernde Lebensstile, aber auch von Krawalltouristen verursachte Probleme erzwingen neue strategische Überlegungen.

In diese sollten sämtliche Akteure im Gebiet einbezogen werden, um den sozialen Frieden zu wahren. Freilich sind deren Stimmen zahlreich und höchst verschieden, oft sogar gegenläufig. Könnte man sie doch wie ein Orchester zum Klingen bringen! Auch wenn das gewiss nicht einfach ist, sondern Offenheit und Mut, Empathie und Klugheit erfordert, scheint solch ein lustvoll spannender Prozess als hohe Kunst der Stadtentwicklung an dieser Stelle gefragt.

Die rege genutzte parkähnliche Anlage des Alaunplatzes stellt die »grüne Lunge« der Äußeren Neustadt dar.

Auf dem Gelände des Abenteuerspielplatzes »Panama« toben, bauen und basteln die Kinder heute in pädagogischer Begleitung oder helfen, die Tiere zu versorgen. Mit Hilfe von freiwilligen Mitarbeitern bieten zwei Sozialarbeiter Reiten, Bogenschießen, Lagerfeuer, Backen, Schmieden und gemeinsame Ausflüge an.

Zur 1990 aufgestellten Kästner-Stele von Wolf-Eike Kuntsche am Eingang vom Albertplatz zur Alaunstraße (links) gesellte sich am 23. Februar 1999 anlässlich des 100. Geburtstages des Dichters ein Denkmal von Matthyas Vargas. Dahinter steht das heutige Kästnermuseum an der Antonstraße 2. Die Villa gehörte bis 1987 den Nachkommen des Pferdehändlers Franz Augustin, des millionenschweren Onkels von Erich Kästner.

Im Prießnitzgrund hatte im Jahr 2000 der Verein Lebensfluss e.V. gemeinsam mit 28 Künstlern, Kindern der Waldorf- und Freien Alternativschule sowie interessierten Laien 40 Zaunpfeiler des Militärgeländes in Sandsteinskulpturen verwandelt. In der hier beginnenden Dresdner Heide fühlen sich Spaziergänger, Familien, Wanderer, Jogger und Radfahrer wohl. In und an der Prießnitz, dem saubersten Bach Dresdens, leben Fischotter und Bachneunauge, Wasseramsel und Eisvogel. Allerdings dezimierten einerseits illegale Einleitungen und andererseits Wasserentnahmen, die zum zeitweisen Austrocknen führten, den Fischbestand 1993 und 1998 schmerzlich.

Auf dem Martin-Luther-Platz trifft man sich im Sommer am Kugelbrunnen, wo Kinder die tonnenschwere wasserumspülte Kugel in Bewegung setzen, oder sucht mit Hilfe des Guckrohres am Erlebnispfad die Turmfalken.

Fantasievolle Gestaltungen und Aktionen auf der Brache Kamenzer Straße 24–28 als Protest gegen ein geplantes Parkhaus stellen ein Paradebeispiel für das widerständische Völkchen der Neustädter dar, die sich ihr demokratisches Recht auf Bürgerbeteiligung nicht nehmen lassen wollen.

Der Gedenkstein am nach ihm benannten Jorge-Gomondai-Platz erinnert an das erste Opfer des Neonazismus in den neuen Bundesländern. Hier warfen Jugendliche den 28-jährigen Schwarzafrikaner nachts aus der Straßenbahn. Am 6. April 1991 starb der Mosambikaner an den Folgen im Krankenhaus. Drei der Täter standen vor Gericht und konnten zu maximal drei Jahren verurteilt werden. Zwei Jahre später stellte der Ausländerrat das Mahnmal auf, finanziert aus Spenden. Jedes Jahr zum Gomondai-Gedenktag rückt eine Demonstration gegen Rechts den Stein des Anstoßes – er fiel immer wieder Randalen zum Opfer – in den Blickpunkt der Öffentlichkeit.

In der Böhmischen Straße 34 behauptet sich das »Kunsthaus Raskolnikow«, benannt nach Dostojewskis Romanheld aus »Schuld und Sühne« – ein heiß diskutiertes Thema der Wendezeit. Das Wandbild von Viola Schöpe im Barraum thematisiert den Romantitel. Das Gebäude hatten Künstler und Kunststudenten bereits zu DDR-Zeiten besetzt. »Wir sind 1988 ins Kunsthaus eingezogen, weil viele junge Leute hier wohnten und die Atmosphäre lebenswert war«, begründete ein Bewohner seine damalige Wahl.

Beliebt bei Jung und Alt
ist ein Spaziergang zum Rosengarten an der Elbe.

Viele Pläne für die Neustadt blieben bislang Träume.
Einer der buntesten war das Hundertwasserhaus an der Bautzner Straße.

In den Kneipengärten auf dem ehemaligen Sande
entstehen sporadisch Sandstrände, tauchen Strandkörbe, Hollywood-Schaukeln, Swimming-Pools oder Gartenteiche auf, wie hier im »Louisengarten«.

Die Äußere Neustadt heute
- Fläche des Sanierungsgebietes: 87,6 Hektar
- Fördermitteleinsatz seit 1991: 61,3 Millionen Euro
- Privatinvestitionen: über eine Milliarde Euro
- Vollsaniert: 65,5 Prozent
- Neubauten nach 1990: 6,5 Prozent
- Teilsaniert: 20 Prozent
- Unsaniert: 8 Prozent
- Grundmiete: unter fünf Euro/Quadratmeter für 60 Prozent der Wohnungen (Tendenz sinkend)
- Arbeiter: 9,5 Prozent
- Selbstständige: 9,8 Prozent
- Studenten: 23,8 Prozent
- Angestellte: 28,1 Prozent
- Arbeitslose: 14,5 Prozent
- durchschnittl. Haushaltnettoeinkommen: 1608 Euro
- Durchschnittsalter: 36 Jahre

SAS, 2005